À CHACUN SON TOUR

DU MÊME AUTEUR

L'Homme aux semelles de swing, menteries biographiques, Privat, 1984, nouvelle édition Régine Deforges, 1992, nouvelle édition Fayard, 2004
L'Os de Dionysos, roman, Eché, 1987 ; Régine Deforges, 1989 ; Le Livre de poche, 1991 ; nouvelle édition Pauvert, 1999
Aquarium, Régine Deforges, 1990
L'Archipel de Bird, roman, Régine Deforges, 1991
L'Ange qui aimait la pluie, Albin Michel, 1994
Indianoak, roman, Albin Michel, 1995
Le Roi Miguel, Stock, 1995
La Corde à linge, roman, Albin Michel, 1997
Duel sur le volcan, Albin Michel, 1998
Flammes, roman, Fayard, 1999 ; Le Livre de poche, 2003
Gargantaur, roman, Fayard, 2001
Collector, Bartillat, 2002
Soror, roman, Fayard, 2003
Fenêtre sur Tour, Bartillat, 2004
Percolenteur, vingt-trois textes serrés, Éditions du Panama, 2005
Champion : Défense et illustration de Lance Armstrong, Plon, 2006
Pension Karlipah, roman, Plon/jeunesse, 2007
Dictionnaire amoureux du Tour de France, Plon, 2007
Renaud, biographie, Flammarion, 2008
Corrida basta, pamphlet, Robert Laffont, 2009
Le soleil m'a oublié, roman, Robert Laffont, 2010
Diane, et autres stories en short, nouvelles, Robert Laffont, 2012
Tour de France, nostalgie, Hors-collection, 2013. Prix Louis Nucéra
Claude Nougaro, le parcours du cœur battant, Hors-Collection, 2014
Madame Richardson, suivi de *Quai des bribes*, nouvelles, Robert Laffont, 2015

www.christianlaborde.com

Christian Laborde

À CHACUN SON TOUR

CHRONIQUES DU TOUR DE FRANCE

suivi de *Roue Libre*

Robert
Laffont

Les textes de cet ouvrage, hormis ceux figurant dans Roue libre, *sont issus des chroniques intitulées « Fenêtres sur Tour » diffusées sur RTL.*

ISBN 978-2-221-15949-1

À Jacques Chancel
dans la voiture duquel
durant le Tour de France
nous parlions de Bernard Hinault
de John McEnroe
de Jean-Edern Hallier
et de Paul-Jean Toulet

Radio Remember

Je suis assis dans la salle de classe de l'école communale d'Aureilhan, les encriers sont blancs, et nos livres, nos cahiers, ouverts devant nous. L'instituteur se tient debout, près de l'estrade, me regarde, me demande de lire, je lis : « L'Adour, long de 307 kilomètres, prend sa source dans le massif pyrénéen du pic du Midi de Bigorre et se jette dans l'océan Atlantique, à Bayonne. » Il m'interrompt, me remercie, se dirige vers la fenêtre, regarde devant lui, et dit : « Mes enfants, nous serons plus précis. Je dicte ! » Il le fait, d'une voix forte, en marquant les syllabes : « L'Adour, long de 307 kilomètres, prend sa source dans le col du Tourmalet et se jette dans l'océan Atlantique, à Bayonne. »

Le soir, dans la cuisine, mon père, en marcel, referme *La Nouvelle République des Pyrénées*, la pose près de lui sur la table, saisit le cahier que je lui tends. Il découvre la phrase, la lit, la relit, se redresse sur sa chaise, valide ce qui est écrit d'une moue qui se mue en sourire. L'instituteur a touché son cœur, relancé sa fête. Prenant sa source, non plus dans le massif pyrénéen mais dans le col du Tourmalet, l'Adour, petit fleuve sans prétention ni colère, se donne des airs de Mékong, ce long et majestueux anaconda d'eau sur les bords duquel il a crapahuté durant la guerre d'Indochine. Mon père me rend mon cahier. Je m'assieds à ses côtés. Il va parler. Il parle en effet, non de Saigon et des femmes jaunes, mais du Tourmalet : « Personne n'a monté le col du Tourmalet comme René Vietto en 1934. C'est pas une question de force, fiston, mais de danse, de grâce, tu comprends. René Vietto ne faisait qu'un avec son vélo, et René Vietto et son vélo ne faisaient qu'un avec le col. Avec le Tourmalet. À cet instant, tu es heureux d'être dans le Tourmalet, dans un lacet du Tourmalet, parce que tu pressens que ça n'aura plus jamais lieu… Le Tourmalet, c'est le Tourmalet, tu comprends ! Et c'est pour cette raison que monsieur l'instituteur t'a fait écrire son nom dans un cahier où tu as déjà écrit ceux de Saint Louis, de Blanche de Castille et de Napoléon... »

Le Tourmalet dans mon cahier, dans la cuisine, son nom prononcé par des voix. Celle, grave, de l'instituteur. Celle, enjouée, de mon père. À Aureilhan, non loin de Lourdes, j'ai très tôt entendu des voix, des voix charriant des mots colorés que je ne comprenais pas toujours : mots latins du curé, mots gascons des paysans, mots français de l'instituteur, mots espagnols des menuisiers, mots portugais des maçons, mots polonais d'un sous-off de la coloniale qui avait épousé une Indochinoise laquelle l'engueulait en lao. À tous ces mots s'ajoutaient ceux de la radio.

La radio diffuse des chansons en sourdine. Mon père somnole dans le fauteuil. C'est la canicule de juillet, dès qu'on bouge on transpire. Une mouche qui a échappé au ruban de papier collant se pose sur la joue de mon père. Elle s'aventure jusqu'à l'ourlet de ses lèvres. Mon père essaie en vain de la chasser en remuant la bouche, en faisant quelques grimaces. Elle s'éloigne, se pose de nouveau sur sa joue, mais jamais mon père ne cesse de somnoler, il fait très chaud. Seule la voix donnant à la radio des nouvelles du Tour le réveille. Son œil s'ouvre, se referme aussitôt : il ne se passe rien sur la route du Tour, c'est la chasse à la canette, ça roule en dedans, des spectateurs braquent sur le peloton le tuyau d'arrosage. De nouveau de la musique, une chanson, Sylvie Vartan, « Est-ce que tu le sais ? ». La canicule toujours, la mouche en patrouille, ma mère qui fait couler l'eau du robinet sur ses mains, sur l'intérieur de ses poignets pour se rafraîchir. Et mon père qui tout à coup ouvre les deux yeux, bondit hors du fauteuil, colle son oreille au transistor : Poulidor vient d'attaquer. Dans le col du Portillon. Il a repris Bahamontes qui avait faussé compagnie au maillot jaune. Poulidor, maintenant, est seul dans le col, seul devant. Mon père est formel : « Raymond, ils ne le reverront plus. C'est terminé, c'est plié car le grimpeur, c'est lui. »

Je revois mon père écoutant le flash, serrant les poings chaque fois que le journaliste prononçait le nom de Poulidor. Autant que le nom lui-même, c'est la voix le prononçant qui le maintenait immobile, campé sur ses jambes, le buste penché, l'oreille à deux doigts du Radiola. Il était suspendu à cette voix qui s'appliquait à tout dire en un minimum de temps, cette voix qui jaillissait du poste, qui jamais ne se prenait les pieds dans le tapis, cette voix qui ne manquait ni d'enthousiasme ni de tempo.

J'ai voulu devenir cette voix, moi l'enfant du pays des mots sonores, ourlés de *r*, gorgés de jus, moi l'enfant d'un pays qui parle, qui croit au pouvoir magique de la bouche. Et à sa noblesse. Une partie de la bouche ne se nomme-t-elle pas le palais ?

Christian Ollivier m'a permis de devenir cette voix en m'ouvrant le micro de RTL : « Tu connais le Tour, tu choisis donc les histoires, les anecdotes que tu souhaites raconter, et tu disposes, chaque matin, pour dire ce que tu veux dire, d'une minute. » Une minute ? Soit ! À moi de devenir un costaud de la luette. Une minute, pas plus ! Cette contrainte est créatrice car elle oblige à tourner le dos aux bavardages, à se débarrasser des mots morts. Cette contrainte me sied car elle impose de ne jamais perdre de vue le rythme, le tempo, le swing. Mon seul souci quand j'écris...

Une minute m'est offerte pour dire la blancheur d'une casquette, l'arrondi d'un bidon, le « bruit de source » d'une roue chère à René

Fallet. Une minute m'est offerte pour rapporter un bon mot de Raymond Mastrotto, une réplique cinglante de Laurent Fignon. Une minute m'est offerte pour raconter un geste chevaleresque de Fausto Coppi dans l'Aubisque, une entrée époustouflante d'Eddy Merckx dans Marseille. Une minute m'est offerte pour pleurer la chute de Luis Ocaña, dans la descente du col de Menté. Une minute m'est offerte pour me souvenir de Marco Pantani, mort d'overdose comme Janis Joplin. Une minute m'est offerte pour donner à voir la beauté de Miguel Indurain sur la machine, pour faire entendre à l'heure des envahissantes paroles son silence royal. Une minute m'est offerte pour signaler que Jacques Anquetil a roulé sur cycles La Perle, que Charles Pélissier a introduit les socquettes blanches dans le peloton, qu'Hugo Koblet prenait soin de se recoiffer avant d'embrasser la jeune femme qui lui remettait le bouquet du vainqueur.

Une minute pour célébrer le Tour de France, et faire un tour au pays de l'enfance. Une minute qui sonne et ne trébuche pas. Une minute légère comme un papillon, faisant de nous des libellules.

Chroniques du Tour 2013

Étape 1

Samedi 29 juin 2013

Porto-Vecchio – Bastia : 213 km

Le Tour de France s'élance de Porto-Vecchio. C'est la java des dossards, des cuissards, des braquets, des casquettes, des socquettes, des maillots, la joie du populo, et les chansons d'I Muvrini. Le Tour de France c'est reparti, et c'est la centième édition. À l'origine du Tour, il y a un mec et son journal. Le mec c'est Henri Desgrange, et son journal *L'Auto*. Pour booster les ventes de *L'Auto*, Desgrange crée « la plus grande course du monde entier », le Tour de France. Chaque étape est racontée dans le canard : la course, les temps, les classements, et tout le toutim. Et *L'Auto* se vend comme des petits pains. Le premier Tour de France, c'est 1903, et c'est un truc de ouf. Matez les étapes :

Paris – Lyon : 467 km

Lyon – Marseille : 374 km
Marseille – Toulouse : 423 km
Toulouse – Bordeaux : 268 km
Bordeaux – Nantes : 394 km
Nantes – Ville-d'Avray : 471 km

Un truc de ouf, on part de nuit pour quinze heures de selle. Le Tour, en 1903, c'est Les Tontons flingueurs. La preuve : l'un des participants vient du pays de Montauban. Il s'appelle Jean Dargassies, il est forgeron, n'a jamais fait de vélo et se classe 11e à treize heures du vainqueur Maurice Garin. Un détail : le journal *L'Auto* est imprimé sur du papier jaune. D'où le maillot jaune. Il sera ce soir, à Bastia, sur les épaules d'un costaud : yo !

Étape 2

Dimanche 30 juin 2013

Bastia – Ajaccio : 156 km

Pas de prologue en Corse, d'entrée dans le vif du sujet, les échappées, les sprints, la conquête du maillot vert. Je dis sprint, et je me souviens d'un sprinteur époustouflant, le prénom et le nom les plus longs de l'histoire du peloton : Djamolidine Abdoujaparov. Un prénom, un nom : deux wagons. Un train à lui tout seul, le mec. D'ailleurs on le surnomme « l'express du Tachkent ». Ils sont pas nombreux, dans le peloton, à porter un surnom de machine et de pistons. Y a eu Ercole Baldini, « la locomotive de Forti », et Learco Guerra « la locomotive de Mantoue » Les cuisseaux de Djamolidine, c'est pas du pipeau : deux sacs de frappe. C'est énorme. Dans les cents derniers mètres, ça gicle, ça file, tantôt au ras des barrières, tantôt au milieu de la ligne droite, ça change de trajectoire, ça résiste à la meute. Et je me souviens du Tour 1991, de Djamolidine Abdoujapov à fond les ballons dans le final, demandant à ses reins de faire leur boulot d'Hercule, lançant son vélo sur la ligne pour battre d'un boyau Olaf Ludwig, autre cheval de fer venu de l'Est. Le sprint, c'est un combat de locomotives, de sagaies, de flèches : c'est beau !

Étape 3

Lundi 1er juillet 2013

Ajaccio – Calvi : 145,5 km

C'est le Tour, alors je dis : vive le bistrot, car le Tour, ça se regarde au bistrot, un verre à la main, un de ces verres de contact chers à Antoine Blondin. Le bistrot, c'est le seul endroit où l'on peut être de mauvaise foi et affirmer qu'en 1964 Raymond Poulidor était plus fort que Jacques Anquetil.

— Quand je pense que Poulidor n'a jamais porté le maillot jaune !

— T'es sûr de ça ?

— Sûr et certain... Il ne l'a jamais porté, même pas une journée... Si c'est pas une injustice ça... Raymond, c'est un très grand... En 1964, dans le col du Portillon, t'as personne dans sa roue, même pas Bahamontes.

— 64, c'est le puy de Dôme, non ?

— Exact. Et on attendait tous que Poulidor attaque Anquetil dans le puy de Dôme, et prenne le maillot.

— Et alors ?

— Il a attaqué, Raymond, mais trop tard… et Jacques sauve le maillot pour une poignée de secondes…

— C'était ça Anquetil, la classe.

— T'as raison. Mais Anquetil, c'est Poulidor qui en parle le mieux. Il a dit : « Si j'avais pas été coureur cycliste, j'aurais été anquetiliste, car je n'ai rien vu d'aussi beau que Jacques Anquetil en plein effort dans un contre-la-montre. »

La classe !

Étape 4

Mardi 2 juillet 2013

Nice – Nice
Contre-la-montre par équipes : 25 km

« Nice very Nice disent les vagues aux galets en glissant le long de la promenade des Anglais... » Claude Nougaro

Aujourd'hui, y a pas promenade, y a contre-la-montre. Contre-la-montre par équipes. Un régal pour le public aligné le long du parcours. Lors d'une étape ordinaire, que voit-il, le public ? Le plus souvent un essaim de lunettes qui fonce sur lui, le double, et disparaît. C'est à peine s'il a le temps de repérer son champion préféré. Durant le chrono par équipes, le public en prend plein les yeux. Il voit les vélos, aiguisés comme des couteaux. Il voit les fins maillots qui semblent avoir été peints sur le dos des champions. Il voit les relais qui passent, les socquettes qui valsent.

Il voit des tramways de couleur, lancés plein pot. Et il se souvient du tramway noir, rouge et jaune de la mythique équipe Raleigh, la bande à Jan Raas. Il se souvient du tramway couleur de guêpe de l'équipe Renault Gitane, la bande à Hinault. Il ne voit que les champions, le paysage est gommé. Et si le paysage est beau, il devient encore plus beau lorsqu'une équipe passe, comme le 4 juillet 2000, le pont de Normandie offrant tous ses haubans à la Once de Laurent Jalabert. Nice very Nice, même les galets sont émerveillés.

Étape 5

Mercredi 3 juillet 2013

Cagnes-sur-Mer – Marseille : 228,5 km

Le Tour arrive à Marseille, et Marseille c'est Merckx. Eddy Merckx. Nous sommes en 1971. Merckx vient de perdre le maillot jaune dans les Alpes. Le maillot jaune est sur les épaules de Luis Ocaña qui, dans l'étape Grenoble-Orcière-Merlette, lui a mis 9' 42'' dans la vue. Du jamais-vu. La vengeance est un plat qui se mange chaud. Merckx attaque, le lendemain de sa défaite, dès le premier kilomètre d'une étape qui en compte 251. Ça aussi c'est du jamais vu : 251 kilomètres la selle dans le cul. Le soleil cogne, le vent est contraire, mais Eddy, il s'en fout : il appuie. Il ne laisse à personne le soin de mener cette échappée qu'il effectue entouré de ses équipiers. Sur son premier maillot de champion, on pouvait lire : FAEMA. C'était un acronyme. FAEMA :

Faites attention Eddy Merckx arrive. Et voici Eddy qui arrive à Marseille. Les cargos sont à quai. Ils n'en croient pas leurs yeux, les cargos : jamais aucun voilier, même le plus sophistiqué, n'a atteint semblable vitesse. Eddy entre dans Marseille avec deux heures d'avance sur l'horaire prévu. Marseille est encore à table, et Gaston Defferre, son maire, savoure une bouillabaisse sur le Vieux-Port. Il faut aller le chercher, le prier d'interrompre son repas, le conduire sur la ligne d'arrivée afin qu'il remette au roi Eddy, qui reprend trois minutes à Ocaña, les clés de la Ville. Eddy. Tout est dit.

Étape 6

Jeudi 4 juillet 2013

Aix – Montpellier : 176,5 km

Il y aura aujourd'hui, entre Aix et Montpellier, un mec avec lequel il faudra compter : le vent. Le vent est le dieu le plus capricieux qui soit. Tantôt, il est de face, tantôt il est de trois quarts, tantôt il est de dos, tantôt il tournoie. Toujours il sème le souk : le peloton s'allonge, s'étire, se rompt en plusieurs morceaux, et malheur à celui qui n'est pas dans le groupe de tête. Car, pour recoller, il faudra se mettre à la planche et bouffer du vent. En vain. « Le prince possède tout sauf le vent », dit Victor Hugo. Moi, je connais des princes qui, sur leur vélo, sont capables de résister aux assauts du vent et au retour du peloton. Je me souviens de Jacky Durand dévorant le ruban, le bandana secoué par le vent. Je me souviens de l'inusable Jens Voigt, toujours devant, toujours à bloc. Et je me souviens de Thomas Voeckler, boxant le vent et résistant au retour du peloton du côté de Perpignan en 2009. Les coureurs n'aiment pas le vent. Mais, quand il souffle, les costauds sortent. Vive le vent !

Étape 7

Vendredi 4 juillet 2013

Montpellier – Albi : 205,5 km

Aujourd'hui c'est l'Occitanie, le pays albigeois, la brique rose d'Albi. Ici les rouleurs, les sprinteurs sont chez eux, André Darrigade en 1953, puis Nello Lauredi, Louis Caput, Franco Bitossi, Cadel Evans. Et nous les applaudissons de toutes les terrasses des bistrots d'Albi. À eux le maillot, à nous l'apéro. Car l'apéritif fait partie du Tour. Il y a de l'apéritif dans les bidons. En 1913, le Belge Masselis marche au Byrrh citron, apéritif à base de quinquina. Cet antique apéritif français est élaboré dans les Pyrénées-Orientales, à Thuir, où Luis Ocaña s'impose en 1973. Il y a des apéritifs dans le peloton. L'apéritif Saint-Raphaël-quinquina a sponsorisé longtemps le Grand Prix de la montagne avant de financer, dans les années 1960, l'équipe Saint-Raphaël-Gitane, celle de Jacques

Anquetil, de Rudi Altig, de Jean Stablinski. Il y a de l'apéritif dans la caravane. Juchée sur la plate-forme d'une 15 CV Citroën, Yvette Horner joue de l'accordéon avec, pour partenaire, Suze, apéritif à base de gentiane. En 1958, Yvette, surnommée Mademoiselle Suze, joue de l'accordéon pour Géminiani qui pensait gagner le Tour. Mais dans les cols Charly Gaul s'envola. Ce fut une autre musique, adieu accordéon, gentiane et quinquina.

Étape 8

Samedi 6 juillet 2013

Castres – Ax-3-Domaines : 195 km

Voici les Pyrénées : que va-t-il se passer ? La question vaut d'être posée, car dans les Pyrénées, territoire de bandits de grand chemin, on détrousse les pèlerins de Saint-Jacques-de-Compostelle et on empoisonne les coureurs. Souvenons-nous de Paul Duboc et du Tour de France 1911. Duboc, il est normand. On l'appelle la Pomme, mais de la pomme il n'est que le trognon. Il marche au cidre et à la viande. En montagne, ce Normand fait le trou. Il vient de remporter l'étape Perpignan-Luchon, et nous le retrouvons dans l'étape Luchon-Bayonne. Et il est devant, et il est tout seul, avalant le col du Peyresourde, le col d'Aspin, le col du Tourmalet. Il est juste en train de gagner le Tour, Duboc, dit la Pomme. Il arrive à Argelès-Gazost, s'arrête au contrôle, repart et saisit un bidon qu'un inconnu lui tend. Le bidon, il le boit. Aussitôt sur son vélo, le gosier se tord, l'estomac se noue, les tripes cèdent. La Pomme zigzague, cesse de pédaler, tombe dans le fossé où il râle, gerbe, chie. Il a été empoisonné. Mais la Pomme, cette Pomme qui de la pomme n'est que le trognon, cette pomme qui a un gros pépin, cette pomme qui en a pris plein la poire, se refait la cerise, rejoint Bayonne, l'emporte à La Rochelle, triomphe au Havre, et se classe deuxième au général à Paris derrière Garrigou. Duboc, c'est énorme.

Étape 9

Dimanche 7 juillet 2013

Saint-Girons – Bagnères-de-Bigorre : 168,5 km

Dans les Pyrénées habite la malchance que les coureurs appellent la Sorcière aux dents vertes. En 1913, lors de l'étape Bayonne-Luchon, elle choisit comme victime Eugène Christophe. Christophe monte le Tourmalet, côté Barèges, et bascule au sommet avec une avance de quatre minutes sur Philippe Thys. Il va gagner l'étape. Il va gagner le Tour. Mais, au sommet, la Sorcière aux dents vertes abat sur Christophe sa baguette tragique, et la fourche du vélo de Christophe cède. Que faire : changer de vélo ? C'est interdit par le règlement pondu par Henri Desgrange. Alors Christophe charge son vélo sur son épaule et descend les treize bornes du Tourmalet à pied. Il arrive à Sainte-Marie-de-Campan. Il dit je veux un marteau. On lui dit y en a chez Gaye.

C'est qui Gaye ? C'est le forgeron. Conduisez-moi chez le forgeron. Et voici Christophe qui allume la forge, et répare sa fourche brisée. L'opération dure quatre heures. Et c'est Christophe qui attaque l'Aspin avec quatre heures de retard, qui franchit le Peyresourde avec quatre heures de retard, qui arrive à Luchon avec quatre heures de retard. Quatre heures de retard plus une minute de pénalité, le fils du forgeron lui ayant, dans la forge, donné un coup de main, ce qui est interdit, article 27 du règlement. Le règlement, c'est le règlement. Tout le monde doit le respecter y compris le dieu Vulcain.

Lundi 8 juillet 2013

Journée de repos

À Saint-Nazaire

Durant la journée de repos tous les coureurs roulent, sauf Anquetil. En juillet 1964, Anquetil est enfermé dans sa chambre, déprimé. Il ne cesse de penser à la prophétie du mage Belline, parue dans la presse : « Jacques Anquetil trouvera la mort dans les Pyrénées du côté d'Andorre. » Pour l'arracher à ses noires pensées, Géminiani le conduit au méchoui organisé par Radio Andorre. Et voici Jacques dégustant du mouton, buvant de la sangria, pendant que Poulidor, Bahamontes et Jimenez s'entraînent, furax. Faut-il qu'Anquetil nous prenne pour des billes pour aller festoyer au lieu de s'entraîner. Il va voir ce qu'il va voir, le blondinet à la mèche pareille à celle de Johnny Hallyday. Le lendemain, Poulidor, Bahamontes et Jimenez démarrent dans le col d'Envalira. Anquetil est à la ramasse : quatre minutes de retard au sommet. Va-t-il abandonner ? Géminiani se porte à sa hauteur, lui passe un bidon de champagne brut : « Bois ça, Jacques. Et si tu dois crever aujourd'hui, crève, mais que ce soit devant. » Jacques boit le bidon, et se lance dans la descente noyée dans le brouillard, se repérant aux feux stop des autos. Maintenant c'est la vallée, le soleil, et c'est le grand braquet. Anquetil revient sur les échappés et franchit la ligne d'arrivée avec deux minutes d'avance sur Poulidor. Anquetil, c'est Anquetil point barre.

Étape 10

Mardi 9 juillet 2013

Saint-Gildas-des-Bois – Saint-Malo : 197 km

Saint-Malo, c'est chaud, car Saint-Malo c'est au sprint. Et le sprint, c'est André Darrigade, vainqueur à Saint-Malo en 1960. Né dans les Landes, Darrigade a pour surnom Dédé de Dax. Moi je dis : respect, Dédé. Car Dédé de Dax est le plus grand sprinteur de l'histoire du Tour. Les Godefroot, les Guimard, les Zabel, les Cippolini, et autres glorieux sprinters, c'est rien à côté de Dédé de Dax. Car Dédé de Dax a remporté vingt-deux étapes du Tour de France. C'est vous dire, les reins, les cuisses, la giclette de Dédé de Dax. Vingt-deux étapes gagnées. Selon Marcel Bidot, il aurait dû en gagner dix de plus. Car, à la différence d'un Cippolini que son équipe protégeait, Dédé de Dax était sprinteur et lieutenant de Louison Bobet, puis de Jacques Anquetil. Il ne pouvait jamais s'économiser, Dédé de Dax. Son boulot fait, il sprintait, gagnait, et devint champion du monde en 1959. Dédé de Dax écoute Chopin et relit Victor Hugo. Si vous êtes en vacances à Biarritz, allez saluer Dédé de Dax : il tient la maison de la presse-librairie à deux pas de la plage.

Étape 11

Mercredi 10 juillet 2013

Avranches – Mont Saint-Michel
Contre-la-montre individuel : 33 km

Le mont Saint-Michel. Pour rivaliser avec tant de beauté, il faut soi-même en fabriquer. Et celui qui sur son vélo fabriquait de la beauté c'est Miguel Indurain. Il filait vers l'arrivée comme filent vers le ciel les grands hêtres de la forêt d'Iraty, la forêt de son pays : le Pays basque. L'écrivain Albert Cingria affirme que le vélo est un prolongement du squelette. C'est avec Indurain que cette phrase aura pris tout son sens. Sa position sur le vélo était si parfaite que le cadre de son Pinarello blanc semblait faire partie de son corps. Regardez, regardez Miguel Indurain. Lors d'un chrono, au paroxysme de l'effort, son buste reste en ligne, ses coudes ne s'ouvrent pas, ses épaules, ses bras, ses avant-bras ne bougent pas. Tout glisse, glisse. Avec Indurain, le vélo devint un sport de glisse. Coiffé d'un casque, Indurain ressemblait à ces héros antiques, ces guerriers grecs dont le portrait ornait jadis les livres d'histoire. Indurain n'était qu'élégance. Et silence. Dans un monde qui tant jacasse, Indurain se taisait. Quand on lui reprochait son mutisme, il laissait son père répondre. Son père disait : « Messieurs, Miguel parle avec les pédales. » Comme on dit au Pays basque : *Aupa*, Miguel, *aupa !*

Étape 12

Jeudi 11 juillet 2013

Fougères – Tours : 218 km

Sur la route du Tour, il y a les vélos et les motos. Les vélos sont ceux d'Alberto Contador, de Bradley Wiggins, de Laurent Fignon, de Bernard Thévenet. Et les motos sont celles de l'escadron motocycliste de la garde républicaine. Pour Hinault, qui a gagné cinq Tours de France, trois Tours d'Italie et deux Tours d'Espagne, y a pas photo : Les motards français sont, je cite, « les plus droits, les plus impeccables, les plus beaux ». Sur les départementales, dans la traversée des villages, les motards de la Garde roulent devant les échappés. Une moto se porte régulièrement à leur hauteur, celle de l'ardoisier tout de jaune vêtu. Il leur indique la nature des écarts. Et les échappés décident alors soit de se garer, soit de visser la poignée. Dans les lacets des cols des Alpes ou des Pyrénées, les motards de la Garde ouvrent la route au grimpeur en roulant au ras des spectateurs, au ras de leurs chapeaux, au ras de leurs appareils photo. Alors, le grimpeur, sur la route cambrée comme les reins de Laetitia Casta, peut s'en donner à cœur joie. Parfois, les vélos vont plus vite que les motos. Dans une descente des Pyrénées, un motard dut s'écarter pour laisser passer Bernard Hinault qui filait plein pétrole. Matez les griffes, gaffe aux crocs, c'est le Blaireau.

Étape 13

Vendredi 12 juillet 2013

Tours – Saint-Amand-Montrond : 173 km

Sur le Tour, des échappées et parfois des incidents avec la maréchaussée. Comme en 1935, avec Georges Speicher. Speicher, la star du peloton, s'arrête au sommet du col d'Allos. Il doit retourner sa roue arrière, car il n'y a pas en ce temps-là de dérailleur. Speicher retire la roue, galère à la remonter, gueule, jure, éloigne à coups de poing les spectateurs qui l'entourent, puis repart. Le soir, à l'hôtel, Henri Desgrange reçoit un coup de téléphone d'un colonel de la gendarmerie :

— Au sommet du col d'Allos, le coureur n° 34 a donné un coup de poing à un brigadier. Le n° 34 doit être arrêté et entendu à la gendarmerie de Castellane.

— Mais le n° 34, c'est Speicher, mon colonel,

le n° 1 français : nos compatriotes ne comprendraient pas.

— Dans ces conditions, que cet individu s'excuse de la façon la plus solennelle.

— Ce sera fait, demain, mon colonel.

Le lendemain, le Tour passe devant la gendarmerie de Castellane. Sur le perron, le colonel. Devant le peloton, la voiture de Desgrange, et, en tête du peloton, Georges Speicher qui jette au pied du colonel une lettre d'excuse. La lettre a été rédigée par Desgrange lui-même, lequel pour l'occasion a imité la signature du champion.

Étape 14

Samedi 13 juillet 2013

Saint-Pourçain-sur-Sioule – Lyon : 191 km

Nous eûmes, dans le peloton du Tour de France, un champion doublé d'un artiste. Champion, il remportait des étapes. Artiste, il s'est produit, au cirque Medrano, dans un numéro de clown. Son nom : Roger Hassenforder. Hassenforder durant son enfance faisait les quatre cents coups : démontage du plancher de l'école à la barre à mine, incendie des encriers remplis d'essence, peinture en bleu, blanc, rouge des vaches du voisin, explosion d'un abri rempli de munitions subtilisées aux Allemands. Un très grand artiste. Ce qu'Hassenforder préfère, ce sont les explosions. Devenu champion cycliste, il va s'appliquer à faire exploser le peloton, d'où ses surnoms, Hassen le magnifique ou Hassen le corsaire. Quand il est sur le point d'attaquer, il se met à crier, avec l'accent alsacien « ça va chicler ». D'où son surnom Hassen le Chicleur. Et il chicle comme une chique crachée par Clint Eastwood. Il chicle si bien qu'il s'empare du maillot jaune en 1953 lors de l'étape Dieppe-Caen. Et c'est affublé d'un masque de carnaval qu'il effectue, à Caen, son tour d'honneur. Bravo l'artiste.

Étape 15

Dimanche 14 juillet 2013

Givors – mont Ventoux : 242,5 km

Géminiani le dit : « Le mont Ventoux n'est pas une montagne comme les autres. » Lors d'une seule et même ascension, l'on peut subir à la fois la canicule et le froid, se battre contre le vent, souffrir d'une absence totale d'air. Le Ventoux n'a pas attendu le dérèglement climatique pour semer le souk dans les organismes et dans le peloton. Un des rois du Ventoux, c'est Charly Gaul, le plus grand grimpeur de l'histoire du Tour. En 1953, lors du Criterium du *Dauphiné libéré*, il se présente au pied du Ventoux avec un retard de plusieurs minutes sur les favoris, Robic, Hassenforder, Teisseire, Géminiani. Il se met en danseuse, fait valser les socquettes et reprend un à un tous les leaders dans la terrible montée. Du jamais-vu. Mais son plus bel exploit, Gaul le réalise en 1958, lors de l'ascension du Ventoux effectuée contre la montre. Il s'envole, vole, gagne. Les écarts sont terrifiants. Jacques Anquetil concède plus de quatre minutes et Bobet près de cinq minutes. On n'a jamais grimpé les cols comme Charly Gaul, et c'est pour cette raison que l'écrivain Roland Barthes voyait en lui « le Rimbaud du Tour ». Go, Charly, go !

Lundi 15 juillet 2013

Journée de repos

Dans le Vaucluse

Le Tour de France, c'est une ménagerie. Dans le peloton, il n'y a que des animaux. C'est l'arche de Noé, le Tour de France, les *Fables* de La Fontaine. Grimpeur de poche, Lucien Van Impe est « le ouistiti » : d'un bond, hop, au sommet du col ! Aussi léger sur son vélo qu'Édith Piaf sur la scène de Bobino, Julien Moineau est « Le Piaf ». Parce qu'il mesure 1,49 m et ne pèse que 49 kilos, Jacques Marinelli est « la perruche ». Et Louis Bergaud, qui a le même gabarit, est « la puce du Cantal ». Aérien dans les cols, survolant ses rivaux dans tous les lacets, Federico Bahamontes est « l'aigle de Tolède ». Doué lui aussi dans la montagne, Vito Taccone est « le chamois des Abruzzes ». Trapu, puissant, brisant les chaînes au démarrage, Raymond Mastrotto est

« le taureau de Nay ». Venu d'Australie, Phil Anderson est « le kangourou ». Le Suisse Tony Rominger est surnommé « le dromadaire ». Il est l'adversaire n° 1 de Miguel Indurain, mais il ne parvient jamais à le vaincre. Tony Rominger est le dromadaire, mais c'est Miguel Indurain qui a la bosse du Tour.

Étape 16

16 juillet 2013

Vaison-la-Romaine – Gap : 168 km

Les coureurs sont parfois hauts en couleur, surtout Pierre Brambilla. Ce costaud du braquet admirait Coppi et Mozart, Bobet et Vivaldi. Brambilla ne manquait pas de mots. À un coureur qu'il venait de battre au sprint, n'avait-il pas lancé : « Vous fîtes ce que vous pûtes mais vous m'épatâtes. » Dans les cols, quand il estimait son rendement insuffisant, Pierre Brambilla se traitait de tous les noms d'oiseaux et se donnait des gifles. Un jour de canicule, dans un col des Pyrénées, un spectateur l'entendant s'insulter, et pensant qu'il était mort de soif, lui tend une bouteille d'eau. Brambilla la saisit, la regarde, et, s'adressant à lui-même : « Tu ne marches pas, carcasse, eh bien tu ne boiras pas ». Et Brambilla de jeter la bouteille d'eau dans le fossé. Après sa défaite dans le Tour 1947 gagné par Robic, Brambilla, s'estimant indigne de remonter sur un vélo, enterre le sien au fond de son jardin. André Brulé l'interroge :

— On dit, Pierre, que tu aurais enterré ton vélo.

— C'est exact, André.

— Pourquoi diable as-tu fait ça ?

— Mon vélo avait des jantes en bois, et j'avais envie de faire pousser des peupliers !

C'était ça, Pierre Brambilla.

Étape 17

Mercredi 17 juillet 2013

Embrun – Chorges
Contre-la-montre individuel : 32 km

Le contre-la-montre, c'est le triomphe des roues. Elles peuvent être à rayons et à ce titre faire concurrence au soleil. Elles peuvent être à bâtons et de couleur noire, ce qui donne au vélo une allure plus agressive, presque guerrière. Elles peuvent être pleines, lenticulaires, pour une meilleure pénétration dans l'air. Les roues lenticulaires sont les plus belles. Avec la vitesse, le nom du sponsor peint sur leurs flancs se transforme en cercles de couleurs et de feu. Quand Bradley Wiggins roule à bloc, la roue lenticulaire a la légèreté enfantine d'un Frisbee frôlant les flots. Quand le champion subit une panne de jambes, il semble traîner sa roue lenticulaire comme un bagnard son boulet. Pour écraser le chrono il faut des roues fines comme des feuilles et un cadre ultraléger. Luis Ocaña avait récupéré, à Toulouse, à Sud-Aviation, des chutes de titane. Il avait fabriqué lui-même, dans ce matériau résistant et léger dont on se sert dans l'aéronautique, des pièces de son vélo. Et c'est sur un vélo plus léger que celui de ses rivaux que Luis Ocaña, en 1973, remporte le Tour. Il était un avion, Luis.

Étape 18

Jeudi 18 juillet 2013

Gap – L'Alpe d'Huez : 172,5 km

Qui dit Tour de France dit Alpe d'Huez. Et cette ascension, au terme de laquelle le maillot jaune se conquiert ou se perd, fait désormais de l'ombre aux montées mythiques de jadis, celle de l'Izoard par exemple. À L'Alpe d'Huez sont réunis les trois éléments qui font du Tour une épopée : la nature hostile, le héros qui tente de la vaincre, le peuple qui assiste à son exploit. La nature hostile, c'est la montagne, avec sa route surchauffée, ses vingt et un virages, ses quatorze kilomètres sans repos que Fausto Coppi fut le premier à vaincre en 1952. Le héros, ici, c'est le grimpeur qui s'en va, s'envole, ignore la pente et la pesanteur. Le grimpeur de L'Alpe d'Huez, c'est d'abord Marco Pantani. Le champion italien détient en effet le record de montée de l'Alpe : 37' 35''. Le peuple, dans l'Alpe, c'est nous, avec nos chapeaux de fortune, nos camping-cars, nos drapeaux, nos fanfares, nos graffitis, nos bonbonnes de vin, et nos langues. Dans l'Alpe, nous parlons hollandais, basque, portugais, anglais, italien, espagnol, parfois même français. L'Alpe d'Huez, durant le Tour, c'est la tour de Babel.

Étape 19

Vendredi 19 juillet 2013

Bourg-d'Oisans – Le Grand-Bornand : 204,5 km

Dans les étapes de montagne, les costauds du braquet règlent leurs comptes dans l'ultime montée. Et l'on songe à ces champions qui gagnaient le Tour en attaquant dès le premier col. L'on se souvient, par exemple, de Jean Robic, dans l'étape Luchon-Pau du Tour 1947. Au programme les quatre cols : Peyresourde, Aspin, Tourmalet, Aubisque. C'est dans Peyresourde que Robic attaque avec son punch, ses lorgnons, et sa mauvaise humeur. Il s'en va tout seul, sur son vélo Génial Lucifer. Il franchit seul les quatre cols, et rejoint Pau avec une avance de dix minutes sur ses poursuivants. L'on se souvient, aussi, de Charly Gaul, dans l'étape Briançon-Aix-les-Bains du Tour 1958. Au programme six cols : le Lautaret, le Luitel, Chamrousse, le col de

Porte, le col du Granier. Et Charly Gaul s'en va dès le Lautaret. Et c'est sous une pluie battante, glaciale, qu'il escalade seul et détaché les six cols. Derrière, c'est la débandade. Il fait si froid qu'Anquetil, malade, doit abandonner. Gaul continue et l'emporte avec, à l'arrivée, une avance de quatorze minutes sur Géminiani, et de dix-neuf minutes sur Bobet. Et Bobet de lâcher : « Charly Gaul n'est pas un homme, c'est un être surnaturel. »

Étape 20

Samedi 20 juillet 2013

Annecy – Semnoz : 125 km

Le peloton possède un langage qui lui est propre, un argot épatant, riche de formules, d'images pleines de jus. Comme le souligne Jean Bobet, frère de Louison Bobet et vainqueur de Paris-Nice, le langage parlé dans le peloton est un langage parlant. Quand un coureur est en forme, on dit qu'il a la socquette légère. Qu'il attaque, qu'il s'échappe, et l'on dira qu'il fait valser les socquettes, ou qu'il casse la baraque. Abdel-Kader Zaaf, vaillant coureur des années 1950, avait pour surnom « le casseur de baraque ». Quand, au contraire, un coureur n'avance plus et se traîne, on dit qu'il est à la ramasse. La ligne d'arrivée franchie, il dira au journaliste qui l'interroge : « J'ai les rotules en os de mort. » Du coureur qui profite de l'effort des autres, on dit qu'il court en rat et se voit affublé du surnom de ratagasse. Quand un coureur quitte la route et finit sa course dans un champ, on dit qu'il mange de la luzerne. Le bonheur est dans le pré, sauf durant le Tour de France. Le langage des sprinters est sans doute le plus coloré. À l'approche du sprint, on peut se faire sucer, puis sauter sur la ligne, sauf si on a la giclette. Est-on encore sur la route du Tour ou sur un tournage avec Clara Morgane ?

Étape 21

Dimanche 21 juillet 2013

Versailles – Paris, Champs-Élysées : 133,5 km

Depuis 1975, l'arrivée du Tour de France se dispute sur les Champs-Élysées. Ce rendez-vous est celui du maillot vert, des sprinteurs qui, de Freddy Maertens à Robbie McEwen, de Guido Bontempi à Mark Cavendish, s'imposent d'un boyau sur la plus belle avenue du monde. Sur les Champs-Élysées les échappés sont toujours repris dans le final, sauf Eddy Seigneur en 1994 ou Vinokourov en 2005. Tous deux avaient la meute au cul : elle n'est jamais revenue. Le maillot jaune, quant à lui, ne participe guère à cette lutte finale, hormis Bernard Hinault en 1979 et en 1982. La stratégie est simple : Hinault, rictus à la Marcel Cerdan, se met devant, roule à bloc et les sprinteurs jettent l'éponge. Il arrive, c'est très rare, que le maillot jaune offre la victoire à Paris à l'un de ses équipiers. C'est ce que fait Jacques Anquetil, en 1961. L'arrivée se dispute au parc des Princes. Anquetil invite son lieutenant Robert Cazala à prendre sa roue. Cazala prend la roue d'Anquetil ce qui, en soi, constitue un exploit. Cazala s'accroche, le duo s'échappe, entre sur la piste du parc des Princes. Et le fidèle Cazala remporte la plus belle des étapes. Les grands champions n'oublient jamais de remercier leurs équipiers.

Chroniques du Tour 2014

Étape 1

5 juillet 2014

Leeds – Harrogate : 190,5 km

Le Tour de France s'élance d'Angleterre et certains de rouspéter : « Le Tour de France ne devrait-il pas rouler sur les routes de France ? ». Observons d'abord que l'Angleterre est devenue un territoire français depuis qu'Éric Cantona a marqué là-bas ses plus beaux buts. Rappelons également que le Tour de France a déjà emprunté d'autres routes que les siennes, notamment en 1906, lorsque les coureurs de la Grande Boucle traversent la ville de Metz. Mais Metz, c'est la France ! Pas en 1906, chers auditeurs. En 1906 et depuis 1870, Metz est placée sous autorité allemande. Henri Desgrange, le boss du Tour, ayant obtenu l'accord de Berlin, le vendredi 6 juillet 1906, le peloton traverse Metz, dont les murs sont recouverts d'affiches rédigées en français, et s'aventure pendant 73 kilomètres au cœur des provinces perdues. L'arrivée se juge à Nancy, René Pottier l'emporte et remporte le Tour. D'où qu'il parte, où qu'il passe, quoi qu'il fasse, le Tour de France a sa place dans nos cœurs : *yes !*

Étape 2

6 juillet 2014

York – Sheffield : 201 km

Entre York et Sheffield, le Tour de France escalade quelques bosses dont la plus redoutable se nomme Holme Moss, comme Kate Moss. Les Anglais ont toujours apporté au Tour une note chiquissime. Je pense bien sûr à Tom Simpson qui, selon le mot d'Antoine Blondin, avait noué à son guidon la cravate d'Eton. Né dans le Yorkshire en 1937, Tom Simpson débarque en France en 1959, s'installe à Saint-Brieuc, dans une chambre de bonne, et se met à rouler, à sprinter, à gagner. Quand on évoque Tom Simpson, on ne parle que de sa mort dans le Ventoux. On oublie son palmarès. On oublie qu'il fut le premier coureur britannique à porter le maillot jaune. On oublie qu'il a gagné Paris-Nice, le Tour de Lombardie, Milan-San-Remo, Bordeaux-

Paris. On oublie qu'il a été champion du monde en 1965. Je me souviens, j'étais mioche, mon père m'avait offert un vélo de course, un Peugeot Blanc. Pointant son doigt sur les anneaux arc en ciel peints sur le cadre, mon père m'avait dit : Ça, tu le dois à Tom Simpson. Sur ce vélo, l'été, dans les Pyrénées, j'étais Tom Simpson. Et, le temps d'une chronique, je redeviens Tom Simpson.

Étape 3

7 juillet 2014

Cambridge – Londres : 155 km

Entre Cambridge et Londres, le Tour se met au vert, le vert du maillot du classement par points, le vert des sprinteurs, ces coureurs qui, après avoir viré, avalent, verts de rage, l'interminable ligne droite qui mène à l'arrivée. On parle volontiers de la cruauté de la montagne, rarement de la voracité des équipes de sprinteurs : tout à coup elles roulent à bloc, et c'en est fini des rêves des échappés, de cette poignée d'audacieux qui, des bornes durant, aura bouffé du vent pour rien. Ils étaient trois, ils étaient quatre, chacun songeait à la victoire d'étape, et tous sont engloutis par des costauds du braquet, des bouffeurs de ruban dans le sillage desquels les sprinteurs se protègent, s'abritent, avant de gicler. Ils giclent et, déplaçant l'air aux abords de la ligne, nous enrhument, disait en riant Louis Nucéra. Gardes, fermez toutes les fenêtres de Buckingham : le sprint se disputant sur le Mall, il ne faudrait pas que ce *bad boy* de Marc Cavendish colle une laryngite à la reine d'Angleterre.

Étape 4

8 juillet 2014

Le Touquet-Paris-Plage – Lille : 163,5 km

Quand les coureurs vont consulter leur itinéraire, ils vont remarquer dans l'intitulé de l'étape, Le Touquet-Paris-Plage-Lille, la présence du mot « plage ». C'est le mot de juillet par excellence, plage. Plage, vont-ils opter pour le transat, la baignade ? Ils l'ont fait une fois. En 1950, le soleil cognait comme un dératé, la fournaise était partout. Lors de l'étape Toulon-Menton, la route tout à coup vient frôler la plage de Sainte-Maxime. Aussitôt Apo Lazarides, grimpeur de l'équipe de France, abandonne le goudron pour le sable, suivi par la totalité du peloton, entre dans l'eau sur son vélo. Colère de Jacques Goddet, le patron du Tour. Et Jean-Marie Goasmat, et Pierre Brambilla, et Stan Ockers, et Jean Brulé le bien nommé de goûter aux délices rafraîchissants de la baignade, et d'inventer, sous l'œil réprobateur de Jacques Goddet, un nouveau sport : le water-vélo.

Étape 5

9 juillet 2014

Ypres-Arenberg – Porte du Hainaut : 152,5 km

Si Bernard Hinault, quintuple vainqueur du Tour, prenait le départ de l'étape Ypres-Arenberg-Porte du Hainaut, il gueulerait. Grave. Une gueulante de Blaireau, avec griffes et crocs. Les raisons de la colère : la présence sur le parcours de neuf secteurs pavés. Des secteurs de Paris-Roubaix. Bernard Hinault n'aime pas Paris-Roubaix. Une course à la con, déclara-t-il après l'avoir gagnée en 1981 avec, sur le dos, le maillot de champion du monde. Les pavés, ceux du carrefour de l'arbre, de Mons-en-Pévèle ou d'Orchies, c'est la part belle faite au hasard, à la chute, la course que l'on perd sans avoir pu la disputer. Et beaucoup de coureurs du Tour ont perdu leurs illusions sur chute, individuelle ou collective, dans ces maudits pavés, comme René

Privat en 1961, Jan Raas en 1979, ou Frank Schleck en 2010, clavicule cassée. Seul Robic se régalait sur les pavés, qu'il avala en 1959, une main fracturée, la tête protégée par un casque en cuir. Casque dont il avait vérifié l'efficacité en se donnant sur la tête un coup de marteau. Robic était un punk. Vive Robic.

Étape 6

10 juillet 2014

Arras – Reims : 194 km

Entre Arras et Reims, sur des routes a priori sans piège ni relief, on attend le puissant Kittel. Et le vent. Le vent est un coureur invisible, sans casque ni dossard, qui change sans arrêt de direction et de braquet. Le vent est cruel, sur les routes flandriennes, également en montagne, dans les vallées, entre deux cols, lorsqu'il contraint les coureurs distancés à se mettre à la planche pour revenir sur le groupe de tête. Le vent est un lascar capricieux qui n'en fait qu'à sa fête, obligeant le maillot jaune, le maillot vert, la lanterne rouge et tout le peloton à se lever le cul de la selle, à multiplier les accélérations. Le vent, souvent, joue les filles de l'air. On l'attendait en 2010, entre Rotterdam et Bruxelles, sur des routes qui sont réputées être les siennes. Il devait faire son numéro, éparpiller le peloton façon puzzle. Il n'en fut rien. Il ne vint pas. Et les équipiers d'Alessandro Petacchi purent, à l'entrée de Bruxelles, préparer confortablement le sprint vainqueur de leur leader. Les coureurs, les moineaux, les alouettes, les goélands, tout le monde vous le dira : le vent est un drôle d'oiseau.

Étape 7

11 juillet 2014

Épernay – Nancy . 234,5 km

Entre Épernay et Nancy, les coureurs du peloton emprunteront la Voie sacrée qui, durant la Première Guerre mondiale, ravitaillait Verdun en hommes et en munitions. Sans doute se souviendront-ils des Géants de la route qui perdirent la vie durant ces interminables combats. Des combats auxquels le très patriote patron du Tour, Henri Desgrange, les avait invités à prendre part : « Nous avons gagné la première manche à Iéna, ils ont eu la seconde à Sedan. À nous la belle. » Vainqueur du Tour 1907 et 1908, Lucien Petit-Breton, coureur méticuleux, qui chaque soir montait son vélo dans sa chambre, meurt au combat en 1917. Vainqueur du Tour 1909, François Faber, le Géant de Colombes, bien que de nationalité luxembourgeoise, s’engage dans l’armée française, et meurt en 1917. Vainqueur du Tour en 1910, Octave Lapize, roi des Pyrénées devenu pilote de chasse, est abattu au-dessus de Verdun en 1917. « Quelle connerie la guerre », disait Jacques Prévert, maillot jaune du poème.

Étape 8

12 juillet 2014

Tomblaine – Gérardmer : 161 km

Si l'on applaudit volontiers les sprinteurs, les Jalabert, les Cavendish qui frottent et giclent dans la dernière ligne droite, si l'on applaudit volontiers les grimpeurs, les Gaul, les Pantani qui s'envolent dans les lacets les plus cambrés du Galibier, l'on encourage avec autant de ferveur les fadas, les Jens Voigt, les Thierry Marie, les Jacky Durand, qui, bandana au vent, se lancent dans des échappées au long cours. La moyenne montagne, comme ce petit col des Moinats ou celui de la Grosse-Pierre, que les organisateurs ont glissé sous les jantes des coureurs entre Tomblaine et Gérardmer, est leur terrain de prédilection. Ils se lèvent le cul de la selle et s'en vont, comme Roger Pingon, en 1968, entre Font-Romeu et Albi. C'était en 1968, et en 1968, entre

Font-Romeu et Albi, Pingeon, il fait sa manif tout seul : J'ai trop la patate, je vais gagner l'étape ! Et l'étape, il la remporte avec 2' 58'' sur ses poursuivants. Coureurs du Tour, prenez-vous pour Pingeon : sortez du peloton !

Étape 9

13 juillet 2014

Gérardmer – Mulhouse : 170 km

Le Tour de France arrive à Mulhouse où, en 1952, Raphaël Géminiani, membre de l'équipe de France, remporte une somptueuse victoire. Raphaël Géminiani appartient à la confrérie des grands pifs, ces coureurs qui, au plus dur de l'effort, déposent sur leur guidon un nez dessiné par Edmond Rostand, un nez, que dis-je, un roc, un pic, une vraie péninsule. Grand nez donc, Géminiani, mais aussi Ferdi Kubler, vainqueur du Tour en 1950, et, plus près de nous, Fernando Escartin, dont l'interminable pif frôlait en montagne le boyau de la roue avant. Raphaël Géminiani est un grand pif, également une grande gueule. Ces déclarations fracassantes font le bonheur de la télévision qui débarque sur le Tour en 1952. Au départ de l'étape Nancy-

Mulhouse, Géminiani, devant la caméra 16 mm d'Henri Persin, affiche son pif et dégaine ses mots : « Ou je dépose tout le monde dans le premier col aujourd'hui, ou je rentre ce soir à la maison. » Il dépose tout le monde, compte jusqu'à dix minutes d'avance sur le peloton et l'emporte à Mulhouse. Géminiani se classera 11e de ce Tour de France remporté par un certain Fausto Coppi.

Étape 10

13 juillet 2014

Mulhouse – La Planche-des-Belles-Filles : 161,5 km

Les coureurs du Tour de France vont escalader La Planche-des-Belles-Filles sur les pentes de laquelle, en 2012, Bradley Wiggins, qui a découvert le vélo en même temps que la bière, avait fait comprendre à tous qu'il avait la ferme intention de gagner le Tour. Cette route raide, aux mensurations redoutables – 6 kilomètres à 8,5 %, un final à 20 % – est donc peuplée de belles filles. Elles portent un short ou un maillot, un frémissant caraco, et leurs jambes sont longues. Comme le chante Adamo, elles sont chouettes, les filles du bord de Planche, mais aucun coureur ne songe à laisser ses mains sur leurs hanches. Le Tour est chaste, et les épouses n'ont pas accès à la chambre de leurs champions de maris. En 1932, Charles Pélissier reçoit à l'hôtel, la visite de son épouse, Madeleine, dite « La Pélissette ». Écoutons le sprinteur Charles Pélissier, un des coureurs les plus élégants de l'histoire du Tour, le Valentino du vélo : « Quand je devins, sous les poussées de sève, insistant et câlin, elle m'opposa : "Sois raisonnable, Charles, pense aux quatre minutes de bonification pour le sprint, demain." » Madeleine Pélissier ignorait que vélo est l'anagramme de love.

15 juillet 2014

Journée de repos

À Besançon

C'est la journée de repos. Les coureurs longent les couloirs des hôtels en tongs. Ils ont des écouteurs dans les oreilles : « Get Lucky » de Daft Punk, Beyoncé. Peut-être sortiront-ils sur le perron signer des autographes. Dans la cour de l'hôtel, à l'arrière du bus-atelier, les mécanos s'occupent des vélos. Y a jamais de repos pour les mécanos. Ils règlent les dérailleurs, changent les câbles de frein, la guidoline, vérifient la hauteur du tube de selle. La selle d'aujourd'hui, qui exhibe fièrement son fin corps sur des rails en titane, n'a plus rien à voir avec celle d'hier dont le support était en acier et la surface en cuir. Dans les Tours de jadis, le cul et le cuir étaient comme cul et chemise. Soucieux du confort et de la protection de leur périnée, les champions d'hier, Fausto Coppi, Louison Bobet, Rik Van Steenbergen, André Darrigade, Jacques Anquetil confiaient la conception et la préparation de leur selle à Joseph Borthaire, dont l'échoppe était sise à Biarritz. En ce temps-là, qui faisait du vélo faisait gaffe à son cul. Et afin que dans les Pyrénées le périnée ne pérît point des pires maux, le champion cycliste s'empressait de glisser au fond de son cuissard une escalope de veau. Avec du veau, c'est sûr, le Tour était moins vache.

Étape 11

16 juillet 2014

Besançon – Oyonnax : 187,5 km

Oyonnax a longtemps conservé, en France, le monopole de la fabrication des peignes en bois. C'est donc une ville où le Suisse Hugo Koblet se serait senti chez lui. Hugo Koblet conservait durant la course, dans une des poches de son maillot, un peigne. La ligne franchie en vainqueur, Hugo Koblet descend de son vélo, essuie son visage, saisit son peigne et le passe dans ses cheveux avant d'embrasser la Miss qui lui remet le bouquet du vainqueur. Parfois il rejoint son hôtel en compagnie de la Miss en question… Hugo Koblet, que l'on appelle le bel Hugo ou le Pédaleur de charme, se soucie de son look et noue autour de son bras, à hauteur de son coude, ses lunettes de soleil, à la façon des champions de ski. Hugo, c'est trop la classe. Il remporte le Tour de France en 1951, après avoir effectué, entre Brive et Agen, une échappée en solitaire de 135 kilomètres, reléguant Coppi, Bartali, Bobet, Ockers, Robic et Géminiani à plus de deux minutes. Pendant que Koblet se recoiffe, Géminiani déclare : « C'est pas possible, un coureur pareil ! S'il existait deux Koblet, je changerais de métier ! »

Étape 12

17 juillet 2014

Bourg-en-Bresse – Saint-Étienne : 185,5 km

Saint-Étienne accueille le Tour de France depuis 1950, et, depuis 1950, les rois du sprint se disputent la victoire sur le cours Fauriel. Cours Fauriel, nous vîmes gicler et gagner le gratin du sprint Ferdinand Bracke, Walter Godefroot, ou encore Sean Kelly, lequel ne quittait le maillot vert que pour enfiler le maillot jaune. Parfois, à Saint-Étienne, l'on voit déboucher un mec seul, un flibustier qui a la meute aux fesses, comme en 1999, Ludo Dierckxsens. Ludo, c'est du costaud. Il est devenu professionnel sur le tard, à vingt-neuf ans, à l'âge où la plupart des champions raccrochent. Mais qu'a donc fait Ludo avant de rejoindre l'équipe Lampre et le Tour 1999 ? De la peinture. Ludo peint. Mais Ludo n'est pas Picasso. Il peint des caisses, des carrosseries chez

Daf, le constructeur automobile. Ludo, comme les cyclistes et les boxeurs, ne sort pas de la cuisse de Jupiter. Et c'est pour s'arracher à l'usine, comme d'autres à la cage d'escalier d'un immeuble de banlieue, qu'il sort du peloton, met tout à droite, se met à la planche, se déchire la viande et se torture les os, et l'emporte détaché sur le cours Fauriel, le 15 juillet 1999. Go, Ludo, go !

Étape 13

18 juillet 2014

Saint-Étienne – Chamrousse : 197,5 km

La France compte un grand nombre de communes, de fromages et de cols. Robert Chauvot, René Poty, et leurs amis du club des Cent cols en ont répertorié à ce jour 10 433. En France, il y a des cols partout, des cols durs, des cols sans fin, des cols fameux et des cols oubliés. Des cols oubliés, oui, des cols présents sur le cadastre napoléonien mais que l'on a perdus de vue. Qui revêtira un jour le maillot du meilleur grimpeur et des cols oubliés ? Aujourd'hui, entre Saint-Étienne et Chamrousse, le peloton escalade un col qu'il ne connaissait pas : le col de Palaquit. Un col pour Nairo Quintana, le grimpeur colombien dont le visage impavide a été dessiné par Hergé dans *Le Temple du soleil.* Mais Quintana, il n'est pas là. Pourquoi t'es pas là, Quintana ? Le

Palaquit, c'était pour toi. Palako, Palaka, palaki, palaquintana, ouh, tcha tcha tcha. Dès que ça monte tu t'en vas, tcha tcha tcha, comme l'an dernier du côté d'Annecy. Cette année, t'as préféré gagner le Tour d'Italie. Reviens, Quintana. Un mec comme toi, le Tour attend ça depuis Pantani.

Étape 14

19 juillet 2014

Grenoble – Risoul : 177 km

Si l'on en croit les géographes, la Terre serait sous nos pieds, et la Lune dans le ciel, à un paquet de bornes au-dessus de nos têtes. Les géographes n'ont visiblement jamais escaladé le col de l'Izoard que les coureurs s'apprêtent à franchir dans l'étape menant de Grenoble à Risoul. Est-on sur la Terre lorsque l'on est dans l'Izoard qui culmine à 2 361 mètres ? Non, l'on est bel et bien sur la Lune, comme le prouve le paysage, fait de lacs de poussière, paysage vide, hérissé de stalactites jaunes ou noires portant à leur cou des colliers de parpaings, paysage sec, étrangement silencieux, n'offrant au regard qu'une poignée de sapins souffrant d'anorexie. Dans les lacets de l'Izoard, on est bel et bien sur la Lune. Et si les géographes ont tout faux, les historiens aussi. Le premier homme à avoir marché sur la Lune n'est pas Neil Armstrong le 21 juillet 1969, mais le Belge Philippe Thys, qui a franchi en tête le sommet du col de l'Izoard le jeudi 13 juillet 1922. Thys, c'est pas rien. Il remporte le Tour en 1913, 1914 et 1920.

Étape 15

20 juillet 2014

Tallard – Nîmes : 222 km

Le Tour arrive à Nîmes, et la star de Nîmes c'est pour toujours Abdel-Kader Zaaf, héros du Tour de France 1950. Zaaf, on le surnomme « le casseur de baraque » à cause de ses démarrages à répétition. Le 27 juillet 1950, entre Perpignan et Nîmes, il attaque décidé à casser la baraque. Pour la mieux casser, Zaaf avale quelques pilules colorées. Mais, sous le soleil de plomb, au bout de plusieurs kilomètres d'échappée, Abdel-Kader Zaaf se met à zigzaguer, et, au lieu de casser la baraque, se casse la gueule. Il se retrouve assis au pied d'un arbre, au milieu des spectateurs qui pour le rafraîchir l'aspergent de vin. Puant le pinard, il remonte sur son vélo et repart, non vers Nîmes où se doit se juger l'arrivée, mais vers Perpignan d'où il vient. Les médecins du Tour le font monter dans l'ambulance. Ce jour-là naquit la légende de la cuite de Zaaf et, pendant quelques années, sur les chantiers, les ouvriers musulmans qui n'avaient pas droit à l'alcool, s'autorisaient, vite fait, un petit Zaaf.

21 juillet 2014

Journée de repos

À Carcassonne

Qu'ont en commun Antoine Blondin et Alphonse Boudard ? D'avoir écrit sur le Tour de France. Mais les écrivains ne sont pas les seuls artistes à célébrer le charme et la beauté d'une bicyclette, les exploits du Tour : chanteuses et chanteurs s'en donnent aussi à cœur joie. À commencer par Arletty. Le vélo, il est vrai, c'est le populo, et le gosier du populo c'est Arletty. En 1952, en tandem avec Georges Ulmer, elle interprète le très enlevé « Viens viens Mad'leine / t'envole pas quand je freine ». En 1948, Bourvil donne le départ de l'étape Paris-Trouville. À ses côtés, le coureur Émile Idée est mort de rire. Sans doute Bourvil lui fredonne-t-il le tube philosophique qu'il vient d'enregistrer : « Je m´en allais chercher des oies / Du côté de Fouilly-les-

Oies / À bicyclette. » Et, en 2014, le vélo continue sa route au pays du chant et des notes avec « Vélo vole » du merveilleux Dick Annegarn : « Vélo va, vélo vole / La voie va, où vélo va / Vélo vire, vélo volte / Où va la vie, vélo va… »

Étape 16

22 juillet 2014

Carcassonne – Luchon : 237,5 km

Qui dit Carcassonne-Luchon dit Albert Bourlon. Je me souviens d'Albert Bourlon, coureur formé au Vélo-club de Bourges, natif de Sancergues, dans le Cher. Nous sommes le 11 juillet 1947, au départ de l'étape Carcassonne-Luchon, le maillot jaune est sur les épaules de René Vietto. Aussitôt Carcassonne quitté, Bourlon sort du peloton, et s'en va seul. Il faut escalader quatre cols et avaler 253 km, sous un soleil caniculaire. Pas d'eau, pas d'air, rien que du feu. À quoi pense-t-il Albert, durant son échappée ? Au coureur qu'il était avant-guerre, à ce pédaleur furieux qui se lançait dans des raids suicidaires et victorieux. Il se dit qu'il doit tenir. Il est résistant, Albert. Il l'a toujours été, surtout durant la Seconde Guerre mondiale, lorsque prisonnier, il s'évade du stalag, traverse à pied une partie de l'Allemagne, et franchit la frontière vers la Roumanie à la nage. Carcassonne-Luchon, ce n'est qu'une évasion de plus. Albert s'évade, Bourlon s'enfuit, et gagne l'étape au terme de 253 kilomètres d'échappée. C'est le plus long raid de l'histoire du Tour. Abel a frappé un grand coup, boxe. C'est ce qu'il fallait faire, le départ du Tour 1947 ayant été donné par Marcel Cerdan. Boxe, boxe, boxe !

Étape 17

23 juillet 2014

Saint-Gaudens – Pla d'Adet : 124,5 km

Arrivé tard sur l'itinéraire du Tour, le Pla d'Adet est le royaume de Raymond Poulidor, lequel aura accompli, sur ces dix bornes à couper le souffle, un de ses plus beaux exploits. Nous sommes le 15 juillet 1974, et le Raymond, il a trente-huit balais. Trente-huit balais pour tout nettoyer. Alors il attaque au pied du Pla d'Adet. Ni Merckx, maillot jaune, ni les grimpeurs espagnols, ne peuvent prendre sa roue. Comme il monte bien, le Raymond, comme il relance bien ! Regardez-le, le Raymond, regardez-le : il a son vélo violet de marque Mercier ; il a son maillot Gan-Mercier. Et il a sa casquette Mercier, légèrement penchée, la visière relevée. C'est ça, Raymond : un mélange extraordinaire d'explosivité et de pépéritude. Et le Raymond, il envoie le steak, et il gagne détaché au sommet du Pla d'Adet. Dans la nuit des explosions secouent la caravane du Tour. Sont-ce les Basques d'ETA, sont-ce les anarchistes du Gari ? On demande à Raymond son opinion sur ces explosions. Et Raymond de répondre : « Le seul explosif, ici, c'est moi ! »

Étape 18

24 juillet 2014

Pau – Hautacam : 145,5 km

Les Pyrénées dans le Tour, c'est, depuis 1910, le Tourmalet, et, depuis 1994, les treize bornes d'Hautacam. Hautacam est une percussion : ta cam-ta cam, une batterie à chaque virage : ta cam-ta cam. Une batterie, oui, une locomotive aussi, ta cam-ta cam, ta cam-ta cam. Et la locomotive, sur cette route raide, c'est Miguel Indurain en 1994. Il porte le maillot jaune, il est une locomotive jaune : ta cam-ta cam, ta cam-ta cam ! Ses jambes montent, descendent comme des pistons : ta cam-ta cam, ta cam-ta cam ! Son buste, ses bras, tout est immobile, comme le corps de la locomotive, et sa casquette blanche est son panache de fumée. Et aux ta cam-ta cam des pistons répondent les ta cam-ta cam, des txalapartas, ces instruments de percussion basques dressés sur le bord de la route, instruments composés de planches de pressoir sur lesquelles on cogne avec des baguettes de bois. Et l'écho dit, répète, ici, au pays des légendes et des ours, que Miguel est le plus grand, le plus élégant, le roi du Tour et de Hautacam. Hautacam, ta cam-ta cam : tam !

Étape 19

25 juillet 2014

Maubourguet – Bergerac : 208,5 km

Ville étape pour la première fois, Maubourguet a toujours été ville de vélo. Et mon père, quand j'étais môme, me racontait les sprints, à Maubourguet, lors des nocturnes, entre les platanes de l'avenue principale, de Bébert les gros mollets. Tel était le surnom d'Albert Dolhats, qui disputa le Tour de France à trois reprises. Quand mon père prononçait le nom de Dolhats, il appuyait sur le *s* final comme pour faire entendre le sifflement des boyaux au moment du sprint : Dolhatssss. Bébert les gros mollets a couru sur cycles la Perle, et l'on se demande comment une machine aussi frêle a pu supporter sur son dos un tel costaud. En ce temps-là les vélos portaient des noms féminins, La Perle chère à Koblet, Helyett, chère à Jacques Anquetil,

Stella chère à Louison Bobet. Il y eut même sur le Tour des vélos Alléluia. Mais qui, mon Dieu, pousserait ce cri d'allégresse quand la route devient un enfer ? Lance Armstrong. À la question quel plaisir trouvez-vous à rouler, il avait répondu : « Je ne roule pas pour le plaisir, je roule pour la douleur. » Alléluia.

Étape 20

26 juillet 2014

Bergerac – Périgueux
Contre-la-montre individuel : 54 km

Les cols ayant été franchis et les attaques portées, le ruban ayant été bouffé et le vent avalé, il faut maintenant se battre seul contre le chrono. Tic-tac, tic-tac. Assis au bord de la route sur des sièges pliants ou calés dans un fauteuil devant un téléviseur, nous les regardons faire valser les socquettes, affronter les trotteuses : tic-tac, tic-tac. Et la route avec son goudron granuleux et les herbes folles de ses bas-côtés cesse d'être ordinaire. Elle n'est plus la route départementale qu'empruntent chaque jour le bus du ramassage scolaire ou la voiture jaune de La Poste : elle devient une voie royale pour ces rares coureurs qui ont la troisième jambe. Dans l'histoire du Tour, les rois du chrono se comptent sur les doigts de la main de Django Reinhardt : Anquetil, Indurain. Vêtus d'un maillot en soie ou d'une combinaison synthétique, ils n'offrent aucune prise au vent et le traversent, indifférents. Seul Laurent Fignon se souciait du vent, voulait qu'il passât un bon moment. C'est pour cela qu'il portait un catogan. Et le vent, mort de rire, le faisait sauter entre ses doigts. Durant les contre-la-montre, Laurent Fignon voulait que le vent s'amuse.

Étape 21

27 juillet 2014

Évry – Paris : 137,5 km

Paris, les Champs-Élysées, le dernier des 3 656 kilomètres couverts. Les jambes sont lasses, les classements établis, les maillots acquis. Ils entrent dans Paris. Emprunteront-ils l'avenue de la Grande-Armée qui était, à Paris, il y a belle lurette, celle des cycles. Tous les fabricants de bicyclettes avaient leurs échoppes, avenue de la Grande-Armée. Au 9, les cycles Centaur. Au 21, les cycles Papillon et, au 30, les cycles Phébus. Au 45, les cycles Griffon. Au 77, les cycles Rouxel et Dubois. Les Anglais tenaient, avenue de la Grande-Armée, le haut du pavé avec les cycles Raleigh, Whitworth, Waverley, Flavell, la marque préférée de Jules Renard. Et tous les amoureux de la petite reine se retrouvaient, en ce temps-là, à la brasserie de l'Espérance pour boire des bocks. Ils sont entrés dans Paris, et tournent sur les Champs-Élysées. Nous les regardons, regardons les machines laquées de ciel, nous faisons le plein de couleurs, de grâce, d'évasion, de parfum d'embrocation. Nous sommes prêts maintenant à affronter la monotonie du mois d'août. Ils sont passés.

Chroniques du Tour 2015

Étape 1

Samedi 4 juillet 2015

Utrecht
Contre-la-montre individuel : 1,14 km

À Utrecht, aux Pays-Bas, les coureurs du Tour et les amoureux du vélo sont chez eux. En effet, si, comme le chante Jacques Brel, dans le port d'Amsterdam, y a des marins qui boivent et qui reboivent encore, il y a aussi, dans les rues d'Amsterdam, des bicyclettes qui passent et qui repassent encore. Ah ! les bicyclettes d'Amsterdam ! Le poète Georges Dezeuze ne les a jamais oubliées :

Fi de tout ce qui passe et lasse
dans mon cœur demeure un grand dam.
Un seul amour y tient sa place,
les bicyclettes d'Amsterdam

Et sur les routes du Tour, en 1977, les bicyclettes d'Amsterdam étaient de couleur verte et de marque Gazelle. Gazelle : la petite reine ne pouvait rêver plus joli nom. Car le vélo est une gazelle, même grâce, même légèreté, même museau frémissant, même sagaie dans la lumière. Et d'un bond les voici qui s'éloignent sur la savane de goudron. « Mais où sont passées les gazelles », se demandait, en 1984, dans un entêtant refrain en forme de tube, une chanteuse oubliée ? Elles sont à Utrecht, où elles galopent et bondissent pour décrocher le maillot jaune.

Étape 2

Dimanche 5 juillet 2015

Utrecht – Zélande : 166 km

Le Tour, c'est les Français – Francis Pélissier, Louison Bobet –, les Italiens – Ottavio Bottecchia, Fausto Coppi –, les Belges – Lucien Buysse, Lucien Van Impe –, les Espagnols – Federico Bahamontes, Pedro Delgado –, également les Hollandais. Deux Hollandais ont gagné le Tour : Joop Zoetemelk en 1980, et Jan Janssen, en 1968. Je me souviens très bien de Jan Janssen · il portait des lunettes. Y a pas beaucoup de coureurs à lunettes. Ça fait pas coureur, les lunettes. C'est ce qu'avait affirmé Merckx, en voyant passer Laurent Fignon. L'irrévérencieux Fignon avait répliqué : « Merckx, connais pas. » Fignon avait gardé ses lunettes et Merckx était resté sur le carreau. Revenons à Jan Janssen, au Tour de France 1968. C'est un Tour un peu monotone, Poulidor, blessé, abandonne. Le maillot jaune est sur les épaules du très costaud, de l'inusable Herman Van Springel, sept fois vainqueur de Bordeaux-Paris. Mais le dernier jour, lors du contre-la-montre dont l'arrivée se juge à Paris, à la Cipale, Jan Janssen s'empare du maillot jaune et gagne le Tour. Ils sont trois à avoir gagné le Tour le dernier jour : Jean Robic en 1947, Jan Janssen en 1968, Greg Lemond en 1989.

Étape 3

Lundi 6 juillet 2015

Anvers – Huy : 154 km

Ville arrivée de la Flèche wallonne, la ville de Huy est donc, avec son terrible mur, le terme de la troisième étape du Tour. C'est au pied du mur que l'on voit le champion. Le mur en question, c'est quoi ? C'est 1,300 kilomètre de goudron, à 9 % de moyenne, avec, tenez bien le guidon, un passage à 19 %. Pourcentage que l'on ne trouve ni dans le Tourmalet, ni dans L'Alpe d'Huez. Bref, le mur de Huy n'est pas un col, juste un calvaire. Un calvaire bordé de six chapelles menant à l'église de la Sarte, sise au sommet. La route qu'emprunteront les coureurs, en pointe ou à la ramasse, se nomme d'ailleurs le chemin des Chapelles, celui d'un pèlerinage dédié à la Vierge Marie. Et l'on se dit que ce chemin a été dessiné pour Gino Bartali, que l'on surnommait « Gino Le Pieu », tant sa foi était ardente. Bartali, ici, eût attaqué au pied de la rampe. Il se fût envolé. Il eût distancé tous ses rivaux. Il eût fait le signe de la croix devant chaque chapelle, avant de s'agenouiller, en jaune, au pied de la statue de la Madone. Une chose est sûre : le mur de Huy sera pour la plupart un enfer, et pour le vainqueur le paradis.

Étape 4

Mardi 7 juillet 2015

Seraing – Cambrai : 221 km

Si le Tour 2014 a fait étape à Cambridge, le Tour 2015 fait étape à Cambrai. À Cambrai, le Tour, on connaît ! Il y eut en 2004 le chrono Cambrai-Arras remporté par Armstrong et, en 2010, l'étape Cambrai-Reims, remportée au sprint par Alessandro Petacchi. À Cambrai, à l'hôtel, la course terminée, le massage effectué, le repas avalé, les coureurs auront envie de faire des bêtises ou d'en goûter, ce qui revient au même. Car les sucreries leur sont interdites. Qui dit sucre, dit poids, et le coureur se doit de rester affûté. Pour ce faire, il écoute les conseils du diététicien de son équipe, lequel lui interdit bonbons et pâtisseries et lui impose les pâtes *al dente.* Federico Bahamontes, lui, se moquait de ce genre de consignes. Il n'en faisait qu'à sa tête,

Federico. Ainsi, en 1954, participant au tour pour la première fois, il s'échappe dans une étape de montagne, et, parvenu au sommet du col de Romeyère, descend de son vélo, et se dirige vers l'éventaire d'un marchand ambulant auquel il achète une glace à la fraise. Et Federico se régale. Et Federico se dit que la vie est belle, et qu'un jour, entre une glace à la vanille et une glace au chocolat, il gagnera le Tour. Il le gagnera en 1959, Federico.

Étape 5

Mercredi 8 juillet 2015

Arras – Amiens : 189 km

Les coureurs du Tour roulent sur les terres picardes, celles de l'écrivain Philippe Lacoche, qui, sur le ciment de la cité Roosevelt, à Tergnier, poussait des petits cyclistes nommés Jean Jourden ou Karl-Heinz Kunde. Aujourd'hui, en Picardie, pas de bruit pendant les premiers kilomètres. Il ne faudrait pas que le boxon publicitaire des vivants réveille les poilus qui dorment sous la terre depuis 1916, depuis la bataille de la Somme. Ils prendraient les klaxons pour le clairon sonnant la charge. Chut, laissons-les dormir, roulons sur les routes sinueuses de Picardie où les vélos ont la majesté humble des péniches. Roulons et songeons aux coureurs picards qui ont brillé sur le Tour, Martial Gayant, maillot jaune en 1987, Jimmy Casper, vainqueur d'étape en 2006. Maintenant, je me tais, c'est le sprint. C'est toujours le sprint à Amiens, où l'on se souvient d'Altig, de Darrigade et de Cipollini.

Étape 6

Jeudi 9 juillet 2015

Abbeville – Le Havre : 191 km

Cette année, les sprinteurs n'auront guère d'occasions de montrer leur talent, leur explosivité. Abbeville-Le Havre est une étape pour eux. Ils vont donc contrôler la course, empêcher les adeptes des raids en solitaires, les flibustiers, les dandys de grand chemin de sortir du peloton et de s'en aller quérir un bouquet du côté de l'arrivée. Comme ce terrible Thierry Marie qui, en 1991, s'impose en solitaire au Havre. Doux Jésus, quel lascar, ce Marie ! Il sort du peloton au vu et au su de tous, des leaders comme des porteurs d'eau. Car Marie, doux Jésus, ce n'est point un Judas ! Il sort, il part, il appuie. Il s'en fout pas mal, Marie, du bord de mer, et des falaises d'Étretat : il est là pour l'exploit. L'exploit, il l'accomplit, remportant l'étape Abbeville-Le Havre après 234 kilomètres d'échappée solitaire. Et, cerise sur les plateaux, il revêt le maillot jaune. Thierry Marie, les mecs comme lui, je vous le dis, c'est le cauchemar des sprinteurs.

Étape 7

Vendredi 10 juillet 2015

Livarot – Fougères : 190 km

À Livarot, comment sera le tempo ? Coulant. Les coureurs du peloton auront en effet la délicatesse de ne pas se presser dans une ville qui les accueille pour la première fois. Et, s'ils lambinent un peu trop, à Livarot, les commissaires de course n'en feront pas un fromage. En effet, Livarot quitté, les champions escaladeront la côte de Canapville qui, chaque année, fait des dégâts dans le final de la course Paris-Camembert. Un peu de livarot, messieurs les coureurs ? Un quart de livarot, c'est quatre-vingts grammes dans la musette ! Plus lourd sur l'estomac ? Mais pas du tout ! Demandez au Normand Paul Duboc qui, en 1911 et entre deux cols, sifflait des canettes de cidre de Normandie ! Demandez donc à François Faber qui, en 1912, du côté de Tarascon-sur-

Ariège, engloutit un poulet de grain en 3' 8''. Demandez surtout au Normand le plus fameux, Jacques Anquetil, que son épouse ravitaillait à l'hôtel en beurre salé de Normandie. Anquetil, quelques fruits de mer, une portion de livarot, une rasade de calva, et le Tour est joué. C'est Géminiani qui le dit : « Anquetil : un réacteur, une machine IBM et un alambic ! »

Étape 8

Samedi 11 juillet 2015

Rennes – Mûr-de-Bretagne : 179 km

L'orthographe française, c'est pas de la tarte, y a des accents partout, dans tous les sens, vers le haut – accent aigu, vers le bas – accent grave, vers le haut et vers le bas, accent circonflexe. Y a un accent circonflexe sur le *u* de Mur, dans Mûr-de-Bretagne. Mais qu'est-ce qu'il fout là ? Le mur en question, c'est un mur de 2 kilomètres à 6,9 % de moyenne, avec des passages à 10 et 12 %, bref, un mur de chez mur, et y a pas de circonflexe à mur. Il vient d'où ce foutu circonflexe ? Inspecteur Colombo des mots, j'ai fait mon enquête. Mur vient du breton « *meur* » qui signifie mont, et le *e* de meur, compressé entre le *m* et le *u*, a sauté comme un bouchon de champagne, a fusé dans l'azur avant de retomber à califourchon sur le *u* du Mur, en 1957 très exactement. Du champagne, il y en aura pour le costaud qui s'imposera, comme Cadel Evans en 2011, au sommet de ce terrible mur. Il méritera d'autant plus une deuxième coupe que Bernard Hinault a fait ajouter à l'itinéraire, juste avant le Mûr, le col du mont Bel-Air. Pour durcir la course, dit-il, avec, aux lèvres, son sourire carnassier. Sacré Bernard ! Au pied du mur, certains maudiront le Blaireau.

Étape 9

Dimanche 12 juillet 2015

Plumelec – Vannes
Contre-la-montre par équipes : 28 km

Le contre-la-montre par équipes, c'est un festival de relais, une leçon de style, neuf coureurs, une seule sagaie. Vêtus du même maillot, coiffés du même casque, les coureurs roulent à bloc, prenant l'un après l'autre la tête du groupe, exécutant sur le goudron noir un ballet d'une extrême fluidité, un ballet que les fantaisies du vent ne parviennent point à perturber. Je me souviens de l'US Postal, l'équipe de Lance Armstrong, en 2001, lors du chrono Verdun-Bar-le-Duc, long de 67 kilomètres. L'équipe US Postal, comme son nom l'indique, devait acheminer le courrier à Bar-le-Duc : des gens qui se souhaitent bon anniversaire, des cartes postales de vacances, des amoureux qui s'envoient des mots d'amour. Les postiers de l'US Postal roulent, se relaient, ça tourne, ça avance, ça bouffe le ruban : le courrier arrive. Tout à coup, Christian Vande Velde glisse sur une bande blanche, entraînant dans sa chute Roberto Heras. Víctor Hugo Peña, qui avant d'être coureur fut acrobate, évite la chute. Avec calme et autorité, Lance réorganise l'équipe : on attend Roberto Heras. Heras est là, et ça repart, ça file et trace, on n'y voit que du bleu. Le courrier est livré à Bar-le-Duc, avec un retard d'à peine 1' 26''. Bravo les postiers.

Lundi 13 juillet 2015

Journée de repos

À Pau

Descendant à Pau et à pied le boulevard des Pyrénées, Lamartine s'écrie : « Pau est la plus belle vue de terre du monde comme Naples est la plus belle vue de mer. » La formule est d'un poète, elle aurait pu être de Bartali. Car, à Pau, séjournent volontiers les écrivains et les champions cyclistes, de Chateaubriand à Kenneth White en passant par Saint-John Perse, de Jean Robic à Vicenzo Nibali en passant par Fausto Coppi. Et tous, écrivains et champions, de louer, lors de leur bref séjour, le bleu du ciel, la sérénité cubaine des palmiers, la délicatesse des frissonnants bambous, le climat qui met chacun de bonne humeur, même René Vietto. Oui, le très soupe au lait, le très irascible roi René n'est que sourire chez le roi Henri. En 1947, à Pau, place

Verdun, assis sur le tansad d'une moto, il signait des autographes à tour de bras. Le geste est à ce point incroyable qu'il fait le lendemain l'objet d'un papier dans la presse. Écrivains et champions se retrouvent à Pau pour les mêmes raisons : les Pyrénées. Les premiers les saluent, les seconds les affrontent.

Étape 10

Mardi 14 juillet 2015

Tarbes – La Pierre-Saint-Martin : 167 km

Aux cols glissés depuis belle lurette sous les roues des coureurs s'ajoutent, d'une année l'autre, des rampes inédites, le goudron inconnu de revêches lacets. 2015 est ainsi l'année de La Pierre-Saint-Martin. À La Pierre-Saint-Martin, l'aventure a toujours été souterraine, avec les spéléologues Haroun Tazieff, Georges Lépineux et Marcel Loubens qui explorèrent le gouffre de La Pierre-Saint-Martin. En surface, jusqu'ici, rien, hormis le ski ! Mais nous ne prenons pas au sérieux ces gens qui se plantent un tire-fesses dans le cul pour accéder aux sommets des pentes. Depuis toujours, ici, au pays des ours et des buveurs de bière basque, nous attendions les coureurs, les Bottecchia et les Bahamontes, les Bartali et les Charly Gaul, qui réussissent à s'envoler là où les autres s'enlisent. Ici, la piste d'envol est longue de 25 kilomètres avec des portions à 9 et 11,5 %. Ça commence au panneau Arette. C'est le nom d'un village, les coureurs à la ramasse y liront une invitation à mettre pied à terre. Puis on arrive au lieudit La Mouline. Comme le lieudit le dit, il faut mouliner, mettre un petit braquet. Et attaquer si l'on s'appelle Pantani. La Pierre-Saint-Martin dira qui, en 2015, est le nouveau Pantani.

Étape 11

Mercredi 15 juillet 2015

Pau – Cauterets : 188 km

Entre Pau et Cauterets, les coureurs empruntent des routes, traversent des villes chères à Jacques Chancel. Jacques aimait le Tour de France, les Forçats de la route, et les Pyrénées sur les pentes desquelles il naquit, sur les pentes desquelles il repose. De quel champion Jacques se serait-il souvenu, s'il avait suivi l'étape ? À Bagnères-de-Bigorre, il aurait pensé à Jacques Anquetil gagnant au sprint en 1963 après avoir contrôlé dans les cols Poulidor et Bahamontes. À Lourdes, il aurait prononcé le nom de Thor Hushovd coupant la ligne en vainqueur en 2011. Au sommet du col d'Aspin, escaladé côté Arreau, il se serait souvenu de José Manuel Fuente, de la glorieuse équipe Kas, et, au sommet du Tourmalet, de Blel Kadri qui, en 2014, bascule en tête auréolé de sa victoire dans les Vosges, entre Tomblaine et Gérardmer-La Mauselaine. À Cauterets, il aurait raconté par le menu la victoire en 1989, au terme d'un raid en solitaire, via Marie-Blanque et l'Aubisque, d'un coureur quasi inconnu, vêtu du maillot bleu de l'équipe Reynolds. Un coureur, en ligne et grand, un coureur élégant venu comme en repérage, inspectant des pentes sur lesquelles il allait asseoir son règne prochain : un certain Miguel Indurain.

Étape 12

Jeudi 16 juillet 2015

Lannemezan – Plateau de Beille : 195 km

Les Pyrénées paloises – La Pierre-Saint-Martin – ayant été escaladées, les Pyrénées tarbaises – Le Tourmalet – ayant été franchies, il faut maintenant se taper les Pyrénées ariégeoises, se hisser au sommet du plateau de Beille. Interminables Pyrénées, doivent se dire les coureurs condamnés au gruppeto, cette escouade cycliste qui roule juste devant la voiture-balai et dont les membres n'ont qu'un seul souci : rentrer dans les délais. Le gruppeto est conduit par un champion capable de dicter le rythme qui convient à chacun et sauve tout le monde. Je me souviens de Gilbert Duclos-Lassalle, double vainqueur de Paris-Roubaix, dont la montagne n'était pas la tasse de thé, mais qui, en bon berger, ramenait au bercail les brebis distancées. Il ne sauvait pas que les derniers, Gilbert, il sauvait aussi le premier, en l'occurrence son leader, Greg Lemond, prétendant au maillot jaune, en carafe dans la montée du col de Marie-Blanque, en 1990. Il l'avait attendu à Lurbe-Saint-Christau, l'avait accroché à sa selle comme un wagon et, locomotive de sueur et de chair, locomo, locomo, l'avait ramené sur la tête de la course. Et Greg avait gagné le Tour. Merci qui ? Merci Duclos ! Locomo, locomo...

Étape 13

Vendredi 17 juillet 2015

Muret – Rodez : 200 km

Muret-Rodez : pourquoi Muret ? Je n'ai rien contre Muret, dont les touristes peuvent visiter le centre de détention, mais j'aurais préféré Toulouse. Toulouse-Rodez, avec départ donné par Thierry Dussautoir, et maillot remis à l'arrivée par le cuisinier Cyril Lignac, natif de Rodez. Les coureurs se seraient élancés de la place du Capitole. Ils seraient passés devant la statue de Claude Nougaro dont l'idole s'appelait Antonin Magne, et, à Rodez, Cyril Lignac aurait conçu une recette « Tour de France ». Côté viande : de la selle ou du jarret. Côté légume : des haricots tarbais, afin d'avoir du gaz. Du gaz, il en faut sur le vélo, surtout entre Muret et Rodez, où la route n'est jamais plate, où le vent est complètement déjanté, un vrai gogol. Je dis le vent, mais, entre

Muret et Rodez, il y en a au moins deux : le vent d'autan dont on dit qu'il rend fou, et l'arouergue qui déboule des grands causses et secoue tout sur son passage. Faut serrer le guidon entre Muret et Rodez, faire gaffe aux bordures, au coup de Trafalgar, et savoir que l'on ne l'emporte à Rodez qu'en costaud. À la manière de Pierre-Henri Menthéour qui, en 1984, après avoir résisté au retour du peloton, règle ses camarades d'échappée au sprint.

Étape 14

Samedi 18 juillet 2015

Rodez – Mende : 178 km

La commune de Mende, en Lozère, n'existait ni à l'époque romaine, ni sous Pépin le Bref, ni sous Napoléon, ni sous de Gaulle. Mende a trouvé une place sur les cartes et dans les cœurs lorsque Jalabert, le 14 juillet 1995, décide d'attaquer, bien loin de l'arrivée. Un truc de ouf, 198 bornes d'échappée. Jalabert, ce 14 juillet 1995, il a ce que les Gascons, adeptes du « gnac », nomment la « cuque » : une sorte de lubie, de folie furieuse, de colère enthousiaste. Vous l'avez, vous attaquez ! Ce que fait Jalabert, maillot vert. Il a fière allure, le Jaja. Le vent ? Il s'en fout, le Jaja ! Le soleil ? Il s'en fout, le Jaja ! Le peloton ? Il s'en fout, le Jaja ! Indurain ? Il s'en fout, le Jaja ! Il s'en fout, et il appuie, et il enroule, et il envoie : c'est le Jaja ! Et, avec ses dix minutes d'avance, il est virtuel maillot jaune ! Indurain met tout à droite, mais on ne revient pas sur le Jaja quand il est dans cet état-là ! C'est la bosse finale, maintenant, trois bornes sévères menant à un aérodrome. Et l'avion, c'est Jaja. Qui gagne et arrache Mende à l'anonymat. Merci Jaja !

Étape 15

Dimanche 19 juillet 2015

Mende – Valence : 182 km

Valence, où le Tour arrive, possède ses vélos en libre-service, ses Vélib[1], appelés Libélo. Comme le Vélib le Libélo est lourd et laid, et tient plus du Solex sans moteur que du vélo sur lequel, l'été, passe une jeune fille dont la robe est fleurie. Heureusement le Tour est là, et les Valentinois vont pouvoir admirer, contempler, de vrais vélos, de beaux vélos, laqués comme des F1, des vélos légers comme des chevaux, des vélos dont le soleil jalouse les rayons. Des vélos semblables à celui que chevauchait, en 1996, José Jaime González-Pico, dit « Chepe », lorsqu'il franchit, en vainqueur, la ligne d'arrivée à Valence. Il

1. Voir « Contre le Vélib », in *Roue libre*, page 194 du recueil.

est colombien, González-Pico, dit « Chepe ». Il n'a pas de cou, González-Pico, dit « Chepe ». Sa tête, couleur de cuivre, a été directement vissée sur son buste. Il court au sein de l'équipe de Fernando Escartin, une équipe dont le nom est aussi long et entêtant qu'un solo de trompette mexicaine : Kelme Artiach Costa Blanca ! Et ces trompettes, et ces guitares, et ces chansons – Caramba, caramba ! –, il les entend, González-Pico dit « Chepe », lorsqu'il monte sur le podium. Caramba, caramba, le Tour c'est ça : des maillots colorés, des vélos vivants, des champions stylés, un après-midi à Valence.

Etape 16

Lundi 20 juillet 2015

Bourg-de-Péage – Gap : 201 km

Les coureurs quittent Bourg-de-Péage pour Gap, où le Tour est toujours chez lui. Le Tour de France, c'est le monde selon Gap. On ne voit gagner à Gap, préfecture la plus élevée de France, que le haut du panier. André Leducq triomphe à Gap en 1932 et gagne le Tour. Georges Speicher triomphe à Gap en 1933 et gagne le Tour. En 1956, s'impose à Gap un coureur dont mon père me parlait : Jean Forestier. Je vous salue, monsieur Forestier. Je vous salue comme mon père le ferait, en rappelant que vous avez gagné Paris-Roubaix en 1955, et le Tour des Flandres en 1956. Je vous salue en rappelant que vous avez remporté à deux reprises, en 1954 et 1957, le Tour de Romandie. Je vous salue en rappelant que vous fûtes une pièce maîtresse de l'équipe de France quand Louison Bobet gagne son troisième Tour, quand Jacques Anquetil remporte la Grande Boucle pour la première fois. À Gap ne gagnent que des costauds, Erik Zabel en 1996, Rui Alberto Costa en 2013. Mais moi, à Gap, en 2015, je me souviens du doyen des vainqueurs de Paris-Roubaix, Jean Forestier, Jean Forestier...

Mardi 21 juillet 2015

Journée de repos

À Gap

C'est la journée de repos, un calvaire pour les fans du Tour : pas de course, pas d épopée, pas d'images, pas de plans serrés sur le visage émacié des coureurs. Pas de commentaires enflammés au bistrot autour du bec à pression, ce cher et vieux bistrot qui a mauvaise presse auprès des ligues de vertu et des écrivains qui ne boivent pas. C'est la journée de repos, le retour de l'ennui que l'on croyait aboli, que faire ? Ouvrir un livre, retrouver le Tour de France dans les pages des écrivains qui ont célébré le charme de la petite reine, les exploits des géants de la route, la France des routes départementales que la prolifération des ronds-points défigure. La littérature et le Tour, c'est le poète Ludovic Janvier louant « le fort bruit de soie d'un vélo bien mené ». La littérature et le Tour, c'est Pierre Mac Orlan applaudissant Vietto descendant le Galibier « tête baissée comme un petit taureau », et entrant « comme une balle dans Grenoble pâmée ». La littérature et le Tour, c'est Annie Ernaux emportée par la voix de Georges Briquet et découpant la photo du vainqueur dans *Paris-Normandie*. La littérature et le Tour, c'est Paul Fournel, gamin de dix ans voulant être Anquetil. Le dernier mot à Bernard Morlino : « La littérature, l'art font rêver le peuple, mais ne peuplent pas les rêves, à la manière d'un favori qui remporte le Tour. »

Étape 17

Mercredi 22 juillet 2015

Digne-les-Bains – Pra-Loup : 167 km

Durant l'étape Digne-Pra-Loup, les coureurs devront se montrer dignes de Pra-Loup, pentes sur lesquelles, le 13 juillet 1975, Bernard Thévenet met fin au règne de Merckx, s'empare du maillot jaune, et gagne son premier Tour de France. Bernard Thévenet est l'enfant du lieudit Le Guidon, près de Saint-Julien-de-Civry, en Saône-et-Loire. Le Guidon, oui ! Et sans doute le cordon ombilical que la sage-femme trancha était-il de marque Hutchinson. Et sans doute le bébé braillard et balèze avait-il collé à son cul nu le dossard 51. Le 13 juillet 1975, c'est Eddy Merckx qui attaque dans le col d'Allos. Il envoie le steak, Eddy, il est en jaune, Eddy. Et Thévenet est distancé. Mais, dans le col d'Allos, jamais Thévenet ne s'affole. Jamais il ne crie : Allos maman bobo. Il garde la tête froide, sait que ses jambes de nouveau seront de feu. Voici Pra-Loup, c'est du sévère, du goudron cambré, du goudron qui fond, du vas-y que j'en chie. Et Thévenet, ne faisant qu'un avec la machine, en danseuse souvent, souple, revient sur Merckx lourdement couché sur la sienne. Il le rejoint, il le double, le dépose, et s'en va au sommet conquérir le divin maillot. À Pra-Loup, loué soit Bernard Thévenet !

Étape 18

Jeudi 23 juillet 2015

Gap – Saint-Jean-de-Maurienne : 185 km

Les cols se multiplient comme des pains et de nombreux coureurs en ont plein le cuissard et ras le dossard. Entre Gap et Saint-Jean-de-Maurienne, Dieu, qui s'intéresse aux courses cyclistes comme l'affirme, dans une nouvelle, un personnage de Marcel Aymé, en a semé quelques-uns, pas piqués des hannetons. Va falloir se dresser sur les pédales, s'accrocher pour ne pas finir dans la voiture-balai. D'abord le col Bayard, présent pour la première fois sur le Tour en 1954. Cette année-là, Federico qui tient à la fois du chevalier sans peur et sans reproche et de Don Quichotte passe en tête au sommet. Dans le col de Malissol qui succède à la côte de Mure, les coureurs pourront pédaler en dedans, opter pour des braquets d'asthmatique, histoire de garder un peu de jus dans les mollets. Car le col suivant est un drôle de col. Mariano Martinez l'a franchi en tête, en 1979, avant de basculer dans la descente sans demander son compte. Car le col en question porte un bien drôle de nom : le col de la Morte. Quelle bergère, quelle fée, quelle sorcière a passé l'arme à gauche à son sommet ? Nul ne le sait. Roulez, coureurs, roulez, pas question de glander dans le Glandon, l'arrivée est à Saint-Jean-de-Maurienne où Sandy Casar s'impose en 2010 en battant au sprint Alberto Contador et Andy Schleck.

Étape 19

Vendredi 24 juillet 2015

Saint-Jean-de-Maurienne – La Toussuire : 138 km

La Toussuire, c'est du lourd, de la pente qui déchire. Quand un grimpeur attaque, tous suent et nul ne suit dans la Toussuire. Je me souviens d'un coureur rock'n'roll, un lascar à part, un certain Floyd Landis. Il monte La Toussuire, le 19 juillet 2006, le maillot jaune sur les épaules quand, tout à coup, la panne. Il n'avance plus, Floyd. Il est à la ramasse, Floyd. Rasmussen, Sastre, Pereiro sont loin devant. Floyd parvient au sommet avec 10' de retard sur le vainqueur Rasmussen. Il perd son maillot jaune. Il est calé au fond de la bagnole qui le ramène à l'hôtel. Ça n'avance pas. Quelqu'un tape à la vitre, un fan qui veut son maillot jaune. Floyd dit OK mais contre un pack de bière. Le fan tend le pack de bière, Floyd file son maillot. À l'hôtel, il se fait masser, avale des tonnes de pâtes, s'enferme dans sa piaule, loge dans ses oreilles les écouteurs de son iPod, et, tout en sirotant ses bières, écoute son groupe préféré : ZZ Top. Bière et rock'n'roll, c'est parfait pour Floyd, ce mec dont les parents ne voulaient pas qu'il fasse du vélo. Ce mec qui, pour cette raison, s'entraînait la nuit. ZZ Top, c'est parfait pour se refaire la cerise, et, le lendemain, la cerise refaite, Floyd fait tout sauter, l'emportant au sommet de Morzine au terme d'une échappée en solitaire de 130 kilomètres. Bernard Hinault applaudit. Floyd gagne le Tour, avant d'être déclaré positif à la testostérone, hormone contenue dans la bière.

Étape 20

Samedi 25 juillet 2015

Modane – L'Alpe-d'Huez : 110 km

La montagne la plus connue des Pays-Bas n'est pas la montagne Saint-Pierre mais L'Alpe d'Huez. Contrairement à la montagne Saint-Pierre, L'Alpe d'Huez, qui compte vingt et un virages, n'est en rien menacée par la montée du niveau des océans consécutive au réchauffement climatique : son sommet culmine à 1 860 mètres. Les Hollandais ont occupé puis colonisé L'Alpe d'Huez dès 1976, avec Joop Zoetemelk, pour la plus grande joie des commerçants indigènes qui leur vendent des chapeaux, des casquettes, de la bière, des sandwichs et des parasols. Le plus Hollandais des Hollandais à L'Alpe d'Huez, c'est sans nul doute Steven Rooks en 1988. Pedro Delgado fait tout sauter dans le Glandon et déboule au pied de L'Alpe avec dans sa roue Steven

Rooks. Le tempo est d'enfer, et Steven encouragé par ses compatriotes en short qui agitent leurs bras et exhibent leur bedaine. À trois bornes du sommet, le Colombien Fabio Parra revient sur le duo. Dans la roue du Colombien, un second Hollandais, Gert-Jan Theunisse avec sa gueule de flibustier et sa boucle d'oreille. À une borne et demie du sommet, Rooks gicle, tel un spermatozoïde de chat, et s'impose au sommet succédant ainsi dans le cœur des Hollandais à Joop Zoetemelk, vainqueur en 1976 et 1979, Hennie Kuiper, vainqueur en 1977 et 1978, et Peter Winnen, vainqueur en 1981 et 1983.

Étape 21

Dimanche 26 juillet 2015

Sèvres – Paris, Champs-Élysées : 107 km

À Paris, jusqu'en 1967, l'arrivée du Tour de France se juge au parc des Princes. Comme son nom l'indique, le parc n'accueille que des princes, notamment les princes du braquet comme Louison Bobet. Un adolescent admirateur de Bobet s'approche de lui, lui tend un papier, un crayon. Le jeune homme s'appelle Georges Perec. Il écrit dans *Je me souviens* : « Je me souviens avoir obtenu, au parc des Princes, un autographe de Louison Bobet. » À Paris, jusqu'en 1974, l'arrivée du Tour se juge à La Cipale. La Cipale, ce n'est pas la cigale, encore moins la fourmi, mais juste l'aphérèse de « piste municipale », et les rois de la piste sont Jan Janssen, Eddy Merckx et Luis Ocaña. À Paris, l'arrivée du Tour se juge désormais aux Champs-

Élysées. Et pas question pour les champions de se balader sur l'avenue, le cœur ouvert à l'inconnu, comme dans la chanson de Joe Dassin. Les champions, sur l'avenue, roulent à bloc. Sur les Champs, on les voit, on les revoit, puis c'est fini. On songe à Salvador Dalí qui écrit : « Quand finit le Tour de France cycliste, j'ai une espèce de dépression qui ne nécessite certes pas que j'aille dans une zone de repos, mais je sens qu'il me manque quelque chose : une grande partie de l'enchantement paradisiaque de mon été vient de se terminer. »

Roue libre

Le maillot jaune et la page blanche

Les dossards sont retirés, les vélos sont remisés, l'avenue des Champs-Élysées est rendue aux voitures : le Tour de France est terminé. Les derniers après-midi de juillet, les premiers du mois d'août, seront dépourvus de saveur, vides : l'ennui reprend ses droits. Je ne fais que répéter ce que disait Salvador Dalí. Le peintre travaillait dans son atelier avec, près de lui, un poste de radio qui lui donnait, à intervalles réguliers, par la voix de Georges Briquet, des nouvelles du Tour. Georges Briquet lui aura peut-être annoncé, au cœur d'un été, une attaque de Federico Bahamontes. Le genre de nouvelle qui remplissait de bonheur, dans la cellule qu'ils partageaient à Fresnes, Jo Attia, un mec de la bande à Pierrot le fou, et Alphonse Boudard.

Seul un démarrage de l'Aigle de Tolède peut créer derrière les barreaux, où le temps tue plus que dehors, un moment privilégié. Il faut le dire aux donneurs de leçon, à tous ces « assis » médisant d'une aventure qui provoque l'enthousiasme du peuple et de Jean Cocteau, le plus raffiné de nos poètes. Jean Cocteau voyait dans le grimpeur Apo Lazaridès, surnommé « l'enfant grec », un ange, une créature mythologique. Cet ange, Apo Lazaridès le devenait dès que l'on glissait sous ses jantes les pentes d'un col. Un ange passe, devaient se dire les Français, coiffés de chapeau de fortune, qui l'applaudissaient à tout rompre dans les lacets du col de l'Izoard où il faisait des merveilles. Un ange passe : les géants de la route ont le don de faire briller d'un éclat neuf les formules les plus défraîchies de la langue française.

Pourquoi les artistes, qu'ils soient peintres comme Dalí, poète comme Cocteau, romancier comme Alphonse Boudard, s'intéressent-ils de la sorte au Tour de France ? Parce que le Tour, comme la boxe, qu'ils vénèrent tout autant, dépasse le cadre strict du sport, accède au champ plus vaste de l'épopée. Si Rafael Nadal et Karim Benzema font carrière – et quelle carrière ! –,

Luis Ocaña et Mohamed Ali, eux, font un destin. Les premiers sont des champions, les seconds des héros. Aux champions la célébrité qui permet aux sponsors de vendre des T-shirts à leur effigie. Aux héros la légende qui tient chaud à chacun d'entre nous et ravive un enthousiasme dont l'enfance est la source. Il faudra le dire aux mecs sans rêve, aux meufs sans fête, aux yeux desquels toute joie est suspecte.

Aimés des artistes, le vélo et la boxe sont, notons-le, les deux sports les plus durs. Mais quel est le plus dur des deux ? Aucun écrivain n'ayant répondu à cette question, on s'est empressé de l'aller poser à Raymond Poulidor. Pour le vainqueur du Tour d'Espagne et de Milan-San-Remo, pas de doute : c'est la boxe. Et Raymond d'illustrer ainsi sa pensée : « Boxer, c'est monter le Tourmalet avec un mec qui te fout son poing dans la gueule à chaque virage. » Raymond parle, tout s'éclaire.

Les écrivains se placent volontiers dans le sillage des géants de la route parce que ces derniers sont des chevaliers, des mecs qui, sur leur monture, à l'instar d'Eddy Merckx, poursuivent – le mot est d'Antoine Blondin – leur « surhomme de chemin ». Nous, au volant de nos caisses, nous gardons notre place dans le trafic, otages de nos agendas, convaincus que le destin des hommes et du monde se joue sur les voies rapides et dans les salles de réunion. Si, à propos de ces chevaliers, je parle de monture, c'est que le vélo est un cheval, doté comme lui d'une selle. Un cheval, oui, un cheval ailé, une goélette, puisque les tubes les plus fins de son cadre se nomment les haubans. Le Tour de France, c'est à la fois la chevalerie et la mer. Une épopée, ai-je dit. Et l'écrivain souhaitant se mesurer à une telle aventure se doit d'affûter ses épithètes, de renouveler son stock de métaphores, de proposer des sonorités neuves. On ne visite pas un tel territoire avec les mots sans relief, le patois désossé des adeptes de l'autofiction qui cherchent l'infini au fond de leur nombril. Écrire sur ces aventuriers, c'est sortir soi-même du peloton, refuser la prose douceâtre, la phrase mièvre, oser le lyrisme, choisir l'excès verbal, viser la haute secousse sonore. Les adeptes de l'autofiction ne peuvent écrire, eux, que sur le Vélib.

Revenons aux mots ! L'écrivain a d'autant plus intérêt à soigner son vocabulaire, comme un boxeur sa gauche, que les géants du Tour sont, eux-mêmes, de sacrés pourvoyeurs de syllabes hirsutes. Quand un coureur du Tour franchit, épuisé, la ligne d'arrivée, il ne dit pas, comme n'importe quel judoka : « J'ai tout donné », mais lâche, la gueule maculée de boue : « J'ai les rotules en os de mort. » Interrogé en 1967 sur son ascension du Tourmalet, Raymond Mastrotto, vainqueur de l'étape Luchon-Pau, répond : « Dans le Tourmalet, je suais tellement que je graissais la chaîne ! » C'est de l'Audiard, du Dard, du Boudard : de la littérature.

Le Tour, c'est l'épopée. Et l'épopée, c'est le poète. Et poète, Jean d'Ormesson le devient, lorsque dans, *Au plaisir de Dieu*, il se souvient du Tour et de ses géants : « Beaucoup plus que Deschanel, que Fallières, que Lebrun, Petit-Breton et Antonin Magne étaient les successeurs de saint Louis et d'Henri IV puisqu'ils soulevaient le peuple et que le peuple les aimait. » Pas de peuple sans héros. Pas de héros sans poètes : c'est ce que le Tour de France, chaque été, nous rappelle.

Robert Lenain
et
Le Cercle de la mort

Y a deux catégories de coureurs : les coureurs « groupés » – les Lapize, les Garrigou, les Petit-Breton, les Cornet, les cracks des équipes Alcyon, Le Globe, Legnano –, et puis les coureurs « isolés », ceux qui n'ont pas d'équipe, pas de mécanicien, pas de soigneur, qui se débrouillent tout seuls. Henri Desgrange, le patron du Tour, ne prête guère attention à ces derniers.

Robert Lenain, Ch'nai, d'Hyencourt-le-Grand, chiure de mouche sur la carte de Picardie, est un coureur « isolé ». Son vélo dont les jantes sont en bois pèse plus de quinze kilos, mais il entend bien hisser sa carcasse, sa machine et sa musette bourrée de côtelettes au sommet des Pyrénées. Car les Pyrénées sont les vedettes incontestées de ce Tour de France 1910. Ch'nain n'a jamais vu de montagne. Il a juste escaladé le ballon d'Alsace. Mais ce petit ballon, c'est pas vraiment de la montagne, juste une route qui a le hoquet. Les Pyrénées, c'est une autre histoire. Dans le peloton, on ne parle que d'elles, et Octave Lapize le répète à qui veut l'entendre : « Les Pyrénées, c'est Le Cercle de la mort. » Parce que dans les Pyrénées, contrairement à ce que prétend Desgrange, il n'y a pas de route, juste des ravins. Parce que dans les Pyrénées vivent les ours. Et les ours vont dévorer tous les coureurs. On devrait fuir le Cercle de la mort.

La mort, Ch'nain, il s'en fout. Il a déjà failli mourir plusieurs fois, notamment durant l'étape Belfort-Lyon. Il a entendu le bruit de la mort, en pleine nuit, alors qu'il pédalait contre le vent. Quelqu'un en effet avait tiré des coups de revolver, et des gens criaient : « Tuez-le, tuez-le. » Apparemment, c'était pas lui qu'ils voulaient tuer, alors il a continué de pédaler contre le vent, en dévorant de temps en temps une côtelette. Les côtelettes, c'est un truc de François Faber : « Fais comme moi, petit : mange ! Il faut manger. Le Tour 1909, c'est avec l'estomac que je l'ai gagné… » Il a failli mourir une seconde fois, Ch'nain. Entre Nîmes et Perpignan. Pas d'un coup de revolver, cette fois, juste de soif. Le soleil cognait comme un malade, et il n'avait plus rien à boire, hormis la poussière. La poussière, il la sentait sur son visage, épaisse comme du plâtre. Les joues recouvertes de poussière et de boue, il ressemblait à un mineur. Et il se sentait aussi épuisé qu'un mineur. La vie se barrait de lui, et la lumière lui faisait mal aux yeux. Il fallait qu'il boive. Dans la traversée d'un village, il avait vu un abreuvoir, collé contre le mur d'une grange. Il avait bondi hors de son vélo, et s'était allongé dans l'abreuvoir, recueillant dans sa bouche l'eau fraîche qui coulait par un tuyau sortant du mur. C'était l'abreuvoir des bêtes, et Ch'nain, il était une bête de plus dans ce village sans ombre. Il avait bu, il s'était refait la cerise. Et il était reparti, et il avait retrouvé sa pédalée et ses côtelettes. « Douze, il t'en faut douze par étape, môme », lui avait dit Faber. Et il était arrivé à Perpignan.

Faber, il était en tête au général, et entre Perpignan et Luchon, il avait réussi à conserver sa place de leader. Ch'nain, lui, il était content. Parce qu'il était toujours là. Et parce que les premiers cols, celui du Portet-d'Aspet et des Ares, il les avait escaladés sans trop y laisser de force.

C'était plus dur que le ballon d'Alsace, mais il avait les jambes.

Ses jambes, à Luchon, Ch'nain, il les a graissées en les frottant avec une couenne de porc. La graisse les protégerait du froid de la nuit : à trois heures et demie du matin, on grelotte sur la ligne de départ. Elle les protégerait également de la pluie qui ratatine les muscles : il va pleuvoir, dit-on, sur Le Cercle de la mort. Et la pluie, ici, il paraît qu'elle est glaciale. Et le brouillard qui l'accompagne est si épais qu'on ne voit plus la route, on s'égare. Une fois, dans les Pyrénées, à cause du brouillard, à cause du ciel tout à coup si bas, comme dans une chanson du Nord, un canal s'est perdu...

Il fait nuit noire dans les lacets du col de Peyresourde. Peyre veut dire pierre, et la pierre est sourde à la douleur des hommes, de ces coureurs qui progressent péniblement sur la route cambrée. Ch'nain, lui, il a la socquette légère : il monte Peyresourde en doublant plusieurs adversaires qui tous ahanent sur leur machine, écartant les coudes, posant leur menton sur la potence du guidon. Alors, Ch'nain ahane à son tour, non parce qu'il serait lui aussi à la ramasse, mais pour rythmer sa pédalée : et han ! et han !

Il ahane, non comme ses adversaires qui zigzaguent, mais comme un bûcheron, comme son père quand il coupe le bois en levant la hache bien au-dessus de sa tête : et han ! et han ! Il ahane pour s'encourager. Il a du jus, beaucoup de jus, dans le col de Peyresourde.

C'est encore la nuit dans la descente de Peyresourde, et c'est à l'entrée d'Arreau, au pied d'Aspin, que le jour se lève, que la lumière se répand sur une nouvelle route raide. Mais Ch'nain, putain, il est bien, et il envoie du steak dès les premiers lacets d'Aspin. Et qui dit steak, dit côtelettes. De sa musette, Ch'nain sort une côtelette et la dévore sur son vélo en grognant, puis balance l'os dans les pierres qui bordent la route. Il boit ensuite une rasade de cidre, et han !, et han !, comme un bûcheron, comme son père à Hyencourt-le-Grand quand il brandit la hache et coupe du bois en plein vent et en plein froid, et han !, et han !

Ch'nain, il est bien, et il est sans doute devant : il a repris tant de coureurs dans la montée de Peyresourde et, dans Aspin, personne ne s'est porté à sa hauteur, ne l'a doublé. C'est en dévorant une autre côtelette qu'il entre dans Sainte-Marie-de-Campan. Sainte-Marie-de-Campan n'est pas n'importe quel patelin dans Le Cercle de la mort. Il faut avoir du gaz, de l'essence, du jus quand on le traverse car, dès la sortie de Sainte-Marie-de-Campan, commence le Tourmalet. Robert Lenain, d'Hyencourt-le-Grand, est dans le Tourmalet.

C'est du brutal, pas de répit, de la caillasse. Et la rumeur des cascades, devant lesquelles il s'arrête pour boire, est effrayante, un ronflement de bête, une bête énorme, sa gueule ouverte, ses mâchoires pleines d'écume. Ch'nain s'empresse de boire et de repartir.

Ch'nain pédale de nouveau, mais lourdement. Ses jambes ne sont plus des bielles, et ses coudes, qui demeuraient collés à son buste, s'écartent de plus en plus, et son buste, qui était immobile, va de droite et de gauche. Il est cuit, Ch'nain, c'est le coup de buis en plein col. Les forces qui lui restent l'abandonnant d'un coup, il tombe de son vélo, s'écroule au pied d'un rocher, évanoui.

C'est une odeur très forte qui lui fait retrouver ses esprits. Il ouvre les yeux : un ours le regarde. Bizarrement, Ch'nain ne ressent aucune peur. De quoi aurait-il peur, n'est-il pas déjà mort, et ne vaut-il mieux pas être avalé par un ours que dévoré par ce maudit Tourmalet ? Alors, Robert

Lenain, d'Hyencourt-le-Grand, s'adressant à l'ours qui continue de le dévisager :

— Fais ce que tu veux, bouffe-moi, rien à cirer, je suis mort...

— T'es bordelais ?

— Non, pourquoi ?

— Parce qu'ici on ne bouffe que les Bordelais... Ils sont joliment grassouillets les Bordelais, ils sont dodus, les Bordelais, ils sont potelets, les Bordelais. Ça fait de bonnes entrecôtes, les Bordelais... Tu vois, t'es pas bordelais, alors tu risques rien, rien du tout. T'es pas bordelais, mais au fait, t'es quoi : toulousain ?

— Je suis picard, je viens d'Hyencourt-le-Grand, en Picardie. Ça s'appelle le Grand, mais c'est tout petit. Et c'est joli. Enfin, c'est mon pays...

— Y a des montagnes dans ton pays ?

— Non, y en a pas. Ce sont les premières que je voie.

— Et alors ?

— Alors c'est fort. C'est comme quand on voit la mer...

— Dis-moi, ils sont tous comme toi, en Picardie ?

— Comment ça, tous comme moi ?

— Aussi maigres que toi ! Car si les Bordelais sont grassouillets, toi tu l'es pas. T'es plutôt sec comme mec. On dirait un lézard. Ce sont tous des lézards, les Picards ?

— Pas du tout. Moi, c'est spécial. Je suis sec parce que je fais du vélo. Faut pas être gros quand on fait du vélo, sinon on en chie sur la route, on en chie dans les montagnes. Faut être sec. Si t'es costaud comme un Picard et sec comme un lézard, tu peux gagner le bouquet !

— Je comprends. Mais là, t'es plus sec que sec, et t'es tout pâle. T'es blanc, c'est fou ce que t'es blanc, on dirait le ventre d'un crapaud. Moi je crois que là, il faut que tu manges, lézard ou pas. Il faut que tu manges et que tu boives.

— Mais je n'ai plus rien dans ma musette, j'ai tout mangé entre le Peyresourde et l'Aspin.

— T'inquiète pas, mon pote, on a ce qui faut, ici. On va te donner des myrtilles, et comme boisson, du lait d'ourse !

— Je n'en ai jamais bu.

— Tu vas voir, c'est délicieux, et surtout, c'est énergétique, terriblement énergétique : un truc d'enfer. Nos petits, avec des myrtilles et du lait d'ourse, ils font cinquante bornes en une nuit sans se fatiguer. Et toi, avec des myrtilles et du lait d'ourse, t'arrives à Bayonne les doigts dans le nez.

Rassasié, désaltéré, Ch'nain remonte sur sa bécane et ce qui reste de Tourmalet, il l'avale, l'engloutit.

Ch'nain est dans l'Aubisque maintenant, ses jambes tournent, ses coudes sont rentrés, son buste est immobile. Il pédale dans l'huile, Ch'nain. Et le vent sur son dos est bon, et la lumière est bonne. Et la montagne lui appartient. Il double des coureurs qui finissent le col à pied, en poussant leur machine. Et certaines de ces machines sont des Alcyon, des Le Globe, des Legnano. Il monte mieux que les cracks, Ch'nain, un vrai grimpeur, l'aigle d'Hyencourt-le-Grand.

Le Pays basque, Ch'nain se dit : Je vais le dévorer. Alors il le dévore, filant vers Bayonne comme s'il n'y avait pas de bosses, comme si le col d'Osquich avait été raboté, comme si la route était aussi plate que les chemins d'Hyencourt-le-Grand. Alors il appuie, il enroule, il envoie du bois, et il pense à Hyencourt-le-Grand. À l'estaminet d'Hyencourt-le-Grand. Au vent qui lui griffait les joues quand il allait chercher son père à l'estaminet. À son père coupant le bois, et han !, et han !

Ch'nain crie de nouveau et han !, et han ! Pour s'encourager, pour filer encore plus vite vers Bayonne.

Voici Bayonne, des ponts, un fleuve. Voici la ligne d'arrivée. Voici des gens qui l'applaudissent. Il est fou de joie, Ch'nain. Alors il lève les bras, et les gens l'applaudissent comme s'il avait gagné l'étape.

Qui a gagné l'étape Luchon-Bayonne en 1910 ? Octave Lapize. C'est écrit dans *L'Auto*, le journal de Desgrange. Quand on pose la question aux ours, ils répondent en chœur : c'est Ch'nain, l'aigle d'Hyencourt-le-Grand, qui a remporté l'étape ! Et les ours, personne ne songe à les contredire.

Nouvelle parue dans *Le Courrier picard*
le 21 juillet 2010

Pau et la clarté d'Aubisque

Le Tour séjourne à Pau tous les ans. Sous le ciel toujours bleu de cette ville, nous aurons vu gagner les coureurs les plus audacieux : Alfredo Binda, Learco Guerra, dit « la locomotive humaine », Charles Pélissier, « poète du sport » selon Jean Cocteau, René Vietto, le Cantona du Tour, et Bernard Hinault, qui montait sur son vélo comme Marcel Cerdan sur le ring. Tous, bouquet en main, auront affiché à Pau, sur les bords du gave qui chante, un large sourire. Tous sauf Robic. Car Jean Robic est toujours d'une humeur massacrante, même quand il gagne. Il gagne à Pau en 1947, après avoir franchi seul en tête les quatre cols : Peyresourde, Aspin, Tourmalet, Aubisque. Un de ces raids qui font la légende des cycles mais que les directeurs sportifs d'aujourd'hui s'empressent de déconseiller à des coureurs prompts à leur obéir. Donc Robic gagne, descend de son vélo Génial Lucifer, s'assied sur le trottoir. Une spectatrice s'approche, se penche au-dessus de lui : « Assis de la sorte à même le ciment et en sueur, vous risquez de prendre froid, monsieur Robic. » Et Robic de l'agonir d'injures avant de sortir son chrono. Il entend calculer lui-même l'avance qu'il possède sur René Vietto et l'équipe de France. Car Robic n'a aucune confiance dans les organisateurs, les juges, les officiels. Lors de la course Monaco-Paris, entre Briançon et Aix-les-Bains, il avait relégué Vietto et Brambilla à 17', et le chronométreur l'avait crédité d'une avance de... 14'. Trois minutes volées. Donc, à Pau, Robic prend lui-même les temps, et c'est en ricanant qu'il constate l'ampleur de son avance : 10' 58''. Saprelotte, quelle raclée !

Le Tour fait du bien à Pau. Il réveille la ville, l'invite à regarder du côté du col d'Aubisque, elle qui a les yeux un peu trop tournés vers son célèbre château, trop empressée à chercher à l'angle de ses rues le fantôme d'Henri IV, mort il y a quatre cents ans. Henri IV, parlons-en ! Qu'avait-il ? Du panache ! Et le panache aujourd'hui, à Pau, c'est Indurain, Contador, ou Nairo Quintana. Le temps d'une échappée, d'un sprint, d'un éclat de jante, le Tour de France arrache Pau à sa léthargie.

Pau est un balcon donnant sur l'Aubisque. Quel col somptueux, quelle route merveilleusement bien dessinée, quel nom poétique ! Les érudits locaux affirment que le col d'Aubisque tirerait son nom du substantif pyrénéen « aubisca », désignant une variété de graminées. Dans l'Aubisque, il n'y a pas de gras minets : il n'y a que des chats maigres. Comme Charly Gaul. Comme Lucien Van Impe. Comme Marco Pantani ou Roberto Heras. Le col d'Aubisque, c'est le col de l'aube. Et tout est clair sur la route d'Aubisque, en 1949. Il y a, côte à côte, Gino Bartali et Fausto Coppi. Une route et deux Italie. Bartali, c'est l'Italie de la Vierge Marie, Coppi celle des rationalistes. Les deux rivaux sont morts de soif. Gino saisit son bidon, le porte à ses lèvres : il est vide. Aussitôt Fausto lui tend le sien : « Tiens, il en reste ! » La chevalerie, c'est la clarté humaine dans la clarté d'Aubisque.

Dans l'Aubisque où les grimpeurs s'en donnent à cœur joie, la DDE – Direction départementale de l'erreur – a construit un îlot directionnel. Elle entend signifier par ce haricot de béton coiffé d'une mesquine pelouse que la route d'Aubisque est une route comme les autres. Il n'en est rien. Nous sommes ici, non sur une rocade offerte aux 4 × 4, mais sur le goudron granuleux des légendes et du maillot à pois. Supprimez-nous cet îlot directionnel ! C'est ce qu'exigent les ours, propriétaires des lieux.

Le Galibier, Pantani et Janis Joplin

Dieu a érigé les Alpes et le Galibier non pour séparer les peuples – les frontières, c'est pas sa tasse de thé ! –, mais pour distinguer les grimpeurs des non-grimpeurs.

Dans le Galibier tous les coureurs se hissent : seul le grimpeur se hausse. Ce qu'il accomplit relève du merveilleux. C'est pourquoi nous le parons volontiers d'un surnom qui l'éloigne de ce que nous sommes et le rapproche de ce dont nous rêvons. Ainsi Gaul qui, en 1955, trouve dans le Galibier, non l'enfer mais une manière de paradis, est-il pour toujours « l'ange de la montagne ». Ainsi Federico Bahamontes qui, en 1964 plane dans ce col immense, demeure-t-il « l'aigle de Tolède ». On ne remerciera jamais assez Dieu d'avoir créé le Galibier, et Henri Desgrange de l'avoir glissé sous les jantes des coureurs dès 1911.

En 1911, dans le Galibier, Émile Georget est seul. Il est né à Châtellerault en 1881 et son vélo pèse un peu plus de 14 kilos. Il ahane sur la route raide, bordée de congères, pareilles à des camping-cars de glace. Georget franchit détaché le sommet du col. Henri Desgrange écrit : « Lorsqu'il passe près de nous, sale, la moustache pleine de morve et des nourritures du dernier contrôle, et le maillot sali des pourritures du dernier ruisseau où, en nage, il s'est vautré, il nous jette, affreux, mais auguste : "Ça vous en bouche un coin !" »

Rares sont ceux qui dans le Galibier, en juillet, nous en bouchent un coin. Souvent, ils sont espagnols. Comme Vicente Trueba, en 1933. Trueba, c'est pas Indurain : il mesure 1,51 mètre et pèse 51 kilos, maillot, casquette, musette et cale-pieds inclus. Pour cette raison, on le surnomme « la puce de Torrelavega ». Et, d'un saut de puce, Trueba se retrouve au sommet du Galibier et remporte le premier Grand Prix de la montagne.

Dans le Galibier, en 1973, il n'y a pas un mais deux Espagnols : Luis Ocaña, l'Espagnol de Mont-de-Marsan, et José Manuel Fuente, le grimpeur de Linares. Le premier porte le maillot jaune, le second celui de l'équipe Kas. Luis Ocaña, en 1971, a relégué Merckx à plus de neuf minutes dans les Alpes. José Manuel Fuente, lui, a secoué Merckx dans les cols du Giro en 1972. Et les voici dans le Galibier pour « un affrontement à l'arme blanche », selon le mot de Pierre Chany. Dans un col de cette nature, le grimpeur peut attaquer deux fois. Fuente, lui, attaque Luis Ocaña à vingt reprises. A-t-on jamais harcelé Contador de la sorte dans un col ? Autres temps, autres mœurs. La vingtième attaque ayant été portée, Luis se dresse à son tour sur les pédales et gicle : c'est fini pour Fuente. Luis franchit le Galibier en tête, remporte l'étape et le Tour.

S'il est un nom qui nous vient aux lèvres dès l'instant qu'il est question du Galibier, c'est celui de Marco Pantani, mort d'overdose comme Janis Joplin. Les images d'archives montrant Marco Pantani escaladant le Galibier en 1998 sous une pluie battante devraient être diffusées chaque été à la télévision française accompagnées, non des vaines paroles de commentateurs désormais obnubilés par les diplômes des coureurs, mais de la musique et de la voix de Janis Joplin. Ah, la pédalée de Marco soulignée, stabilobossée par le gosier à vif de Janis !

Dès qu'il pleut dans le Galibier, nous songeons à Marco Pantani. Nous le revoyons, le Galibier franchi, s'arrêter au bord de la route, passer un imperméable, avant de s'envoler dans Les Deux-Alpes à la façon de Charly Gaul. S'il vous plaît, mettez-nous Janis Joplin !

Tour de France et de famille

Le Tour de France, c'est aussi une histoire de famille et l'été, devant la télé, y a le grand-père, la grand-mère, le père, la mère et la miochonnerie. Comme chez les Pey. Pey se prononce « Peï », car le patronyme est gascon. Le gascon, c'est du chinois. Donc « Peï » !

Le premier des Pey, c'est Louis. Louis, Eugène Pey, né à Pau le 12 juin 1897. Il découvre le Tour en 1913, dans le col d'Aubisque, au-dessus de Laruns. Il y a à Pau, à cette époque, de belles demeures, des villas anglaises étrangement baptisées Nameless – Vladimir Nabokov, enfant, séjourna dans l'une d'elles – et le fameux palais d'Hiver, abritant des plantes exotiques et un grand orchestre. C'est en compagnie du fils du chef d'orchestre que Louis escaladera, à vélo, les premières rampes d'Aubisque.

Louis a seize ans, l'étape relie Bayonne à Luchon, que voit-il ? Un col quasiment vide, des coureurs éparpillés qui tous « tournent la roue » devant l'église d'Eaux-Bonnes, des torrents qui traversent la route et contraignent Eugène Christophe à descendre de son vélo Peugeot. Christophe est à pied. Il le sera de nouveau, dans le Tourmalet, quand sa fourche se brisera, quand il courra, le vélo sur l'épaule, jusqu'à la forge de M. Gaye à Sainte-Marie-de-Campan, où, marteau en main, face au désordre des flammes, il réparera seul sa bécane. Cette réparation fameuse, Louis la revivra en 1951, lors de la reconstitution. En 1951 en effet, les organisateurs du Tour demandèrent au vaillant Eugène Christophe de rejouer la scène, d'entrer de nouveau dans la forge et de se prendre de nouveau pour le dieu Vulcain. Louis, adossé à sa 4 CV Renault, applaudit à tout rompre le forgeron des cycles.

Les 4 CV, équipées d'un moteur de 760 cm^3, montent les cols sans problèmes. Paniers de victuailles et bonbonnes de Madiran trouvent place à l'arrière, sur les genoux des enfants. Pour Louis Pey, le Tour de France, c'est les voitures presque autant que les coureurs. Des voitures aux ailes desquelles s'accrochent parfois des cracks en difficulté. Ne voit-il pas François Faber, en 1914, profiter de l'aide d'une auto dans l'étape Bayonne-Luchon remportée par Firmin Lambot ? Louis ne croisera plus François Faber, hormis peut-être dans les tranchées de la Somme, de Verdun et d'ailleurs, dans les champs de boue de la boucherie héroïque et mondiale, dans le boyau où François Faber mourra, dans celui où Louis sera gravement blessé aux jambes...

L'armistice signé, Louis Pey, fracturé, rapiécé, rejoint Pau, la caserne Bernadotte devant laquelle, en 1995, les coureurs de l'US Postal franchiront groupés la ligne d'arrivée, en hommage à Fabio Casartelli, leur équipier tombé dans le Portet d'Aspet. Le ciel de Pau retrouvé, Louis ouvre, près de l'église Saint-Martin, un garage de voitures. Il vend des Ballot et des De Dion-Bouton. La jeunesse de Louis Pey a du plomb de 14 dans l'aile. Elle s'est tirée. Aussi part-il à sa recherche dans le sillage des coureurs de 1925 à 1929, au volant de sa Ballot, puis aux commandes de sa BSA équipée d'un side dans lequel, coiffée d'un casque en cuir, prend place son épouse, Jeanne Pey, née Moulat. Dans les cols, quelques cyclistes qui montent à pied, des vaches. Les rares voitures qui s'aventurent dans le Tourmalet s'arrêtent sur les bas-côtés en crachant une vapeur de locomotive. Pey passe, hisse, entre deux contrôles, un touriste-routier accroché à la Ballot. En 1925, Louis photographie Bottecchia dans le col du Peyresourde, lors de l'étape Bayonne-Luchon. En 1926, Louis remarque une Hotchkiss, une quatre cylindres 12 CV, équipée de roues en bois. Elle suit un coureur énergique, puissant, qui porte sur les épaules le maillot Automoto. C'est le Belge Lucien Buysse. Louis et Jeanne l'accompagnent jusqu'à... Perpignan. Ils descendent dans un hôtel, près de la ligne d'arrivée. Louis fait un tour sur le balcon. Sur celui de la chambre voisine, un homme fume une cigarette en regardant le ciel : c'est Lucien Buysse. Louis est estomaqué : le vainqueur de Bayonne-Luchon, de Luchon-Perpignan, et du Tour 1926, fume. Quelques années plus tard, en 1938, ce sera au tour de Félicien Vervaecke et de Gino Bartali d'en griller une, le premier à Luchon, le second à Paris, en jaune. Les voitures fument dans les cols et les superchampions dans les chambres d'hôtel. En 1927, un coureur monte le Tourmalet. Il est très grand. Les rares spectateurs s'interrogent : qui est-ce ? Et Jeanne, du fond du side, de s'exclamer :

« Mais c'est Nicolas Frantz ! » Et Nicolas Frantz de lui faire un clin d'œil.

Louis et Jeanne Pey quittent Pau pour Ossun, le col d'Aubisque pour le col du Tourmalet. Jeanne, enceinte, renonce au side-car. Louis ouvre un magasin de cycles. Jean Pey naît le 22 mai 1931, quelques mois avant la victoire d'Antonin Magne dans le Tour. Magne qui s'est emparé du maillot jaune à Luchon.

Jean Pey reçoit à Ossun, proche de Lourdes et de Bartrès, où naquit Bernadette Soubirous, une éducation religieuse. Jeanne, le soir, lit à Jean des pages de l'histoire sainte et de la *Vie des saints*, et Louis, le matin venu, lui parle religieusement des champions du Tour. À sainte Blandine, à saint Tarcisius se mêlent saint René Vietto, qui se sacrifia dans les Pyrénées pour son leader Antonin Magne, saint Victor Fontan, frappant en pleine nuit à la porte des villages à la recherche d'un vélo de rechange. Ou encore saint Benoît Faure, dit « La Souris », la plus petite créature du Créateur, une souris grimpeuse qui fêtait l'Ascension dans le Tourmalet.

Il y a les récits de Louis, de Jeanne, et ceux de Jean Garnault, ami de la famille et secrétaire général du Tour. Il loge à la maison, l'été entre deux étapes, et l'hiver lorsqu'il donne un coup de main au commissaire général chargé de reconnaître les itinéraires. Louis Pey et Jean Garnault parlent autos, vélos, motos, évoquent Paris-Les Pyrénées-Paris, course d'endurance organisée par *Moto revue*, course à laquelle Louis Pey participe en qualité de contrôleur.

À leurs mots s'ajoutent les mots du grenier, les mots et les photos des magazines empilés sur des tables de toilette, sur le velours cramoisi d'un prie-Dieu. Jean qui, au pays du rugby, admire René Vignal et Julien Darui, goals de l'équipe de France de football, découvre, en couverture de *Sport-La Vie au grand air*, le visage de Lucien Teisseire. Teisseire vient de gagner Paris-Tour. Jean a treize ans, Teisseire sera son champion, son héros.

Le Tour, Louis le fait découvrir à Jean en 1947. On gare la 11 CV Citroën dans le Tourmalet. On sort les paniers, le pain, le vin, le saucisson, les biscuits Latapie, la limonade Ogeu. On attend. La route est couverte de cailloux. Les spectateurs montent à pied, à vélo, en famille. Ils sont mille fois plus nombreux qu'au temps de la Ballot. On attend. Une voiture, équipée d'un haut-parleur, annonce le passage de Robic. Il est parti dans Peyresourde, le premier col. Le voici qui sort du virage. Jean n'a rien oublié. Il voit Robic, son maillot blanc, Impanis, portant le maillot noir des As de Belgique. Il voit le menton de Brambilla. Il voit Fermo Camellini, puis le groupe Vietto. Vietto, en jaune, est flanqué d'Apo Lazaridès et d'Édouard Fachleitner... Il les a tous vus, tous applaudis, surtout le Belge Mathieu, qui montait, les jambes couvertes de sang. Il avait dû chuter dans la descente d'Aspin. Il montait juste devant la voiture-balai, tout le monde le poussait. Jean l'a poussé aussi, et les gendarmes n'ont rien dit.

Jean Pey suit des études de droit à Toulouse et le Tour à vélo. Louis lui a offert un Elvish. Il a doté les roues Mavic de moyeux à roulement annulaire Maxi-Car. En 1953, Jean est à Cauterets, à deux bornes de l'arrivée. Il attend Koblet. Où est Koblet ? Des journalistes passent dans des cabriolets. Où est Koblet ? Les journalistes répondent en mimant une chute : Koblet est tombé dans la descente du Soulor. Le soir, après l'étape gagnée par Loroño, Jean, sur son Elvish, va d'hôtel en hôtel. Assis sur les marches d'un escalier, un coureur découpe, avec une paire de tenailles, les rayons d'une roue fichue. Il est tombé, lui aussi, comme Koblet. C'est Roger

Hassenforder. De la roue il souhaite conserver le moyeu « qui est bon ». Le lendemain, Jean est à Arreau sur son Elvish. Il veut applaudir les coureurs dans le Peyresourde. À l'entrée d'Arreau, un gendarme lui interdit de franchir le pont et ne veut rien entendre : ni auto, ni vélo, juste les piétons ! Jean confie son Elvish à un garagiste et poursuit sa route à pied. Il verra passer Schaer, la bave aux lèvres façon Kübler. Il récupère son Elvish et, pour rejoindre Ossun, attaque l'ascension du col d'Aspin que les coureurs ont franchi avant de monter Peyresourde. Au sommet d'Aspin, c'est une mer de papiers gras que Jean découvre, une mer qui s'étale de part et d'autre de la route, une mer sur laquelle le vent souffle, soulevant ici et là des chapeaux de fortune, des pages de journaux, des papiers gras. Un paysage désolant, l'herbe écrasée de Woodstock après le dernier solo.

En 1955, Jean Pey est à Pau, à l'entrée de l'hôtel Bristol où loge l'équipe de France. Bobet apparaît sur le perron dont il descend lentement les marches. Son mécanicien a terminé les réglages de son vélo. Bobet l'enfourche, roule jusqu'au lycée Louis-Barthou, revient. Louis est à quelques centimètres de lui. Bobet parle avec son mécano. Un passant l'interpelle : « Eh, Bobet, montre-nous comme tu pleures ! » Car il a pleuré, Bobet, en 1947, lorsque, entre Briançon et Digne, il a été contraint à l'abandon. C'était son premier Tour, il le quittait les yeux pleins de larmes...

Charles Pey, le fils de Jean, le petit-fils de Louis et de Jeanne, a pleuré, lui aussi, dans le Portillon en 1971. Il avait seize ans. Il attendait Luis Ocaña. Il était en jaune, Luis, il était beau, Luis, il était fier. Il avait prévenu : « Merckx, je l'attaque dans le Portillon car, au Portillon, c'est automatique. » Mais Charles, dans le Portillon, ne vit jamais passer Luis. Dans le Portillon, il n'y avait que Merckx, Eddy Merckx, le bouffeur de ruban, l'avaleur de dossards. Luis avait chuté dans la descente du col précédent, le Menté. Privé de freins, Luis avait raté un virage, atterri dans la boue, sous l'orage. Luis passa au-dessus de Charles, dans l'hélicoptère du SAMU qui le conduisait à la clinique du docteur Bergès, à Saint-Gaudens. Le coureur n'est pas passé, il ne passera jamais, c'est midi sonné, le Tour est terminé...

Charles Pey habite Pau. Le palais d'Hiver est devenu le palais Beaumont, et, dans ce palais, Lance Armstrong donne des conférences de presse. Chaque année, en juillet, Charles rejoint les cols et les grimpeurs. Il faut partir bien avant le jour pour espérer se garer dans la montée de Luz-Ardiden, où les chants et les drapeaux sont basques et les T-shirts orange comme les maillots et les vélos de l'équipe Euskaltel-Euskadi, celle de Roberto Laiseka. Qui démarre le 22 juillet 2001, s'envole, fend la foule orange et décroche, au sommet orange, l'orange du soleil. Roberto Laiseka monte sur le podium, se signe trois fois, embrasse trois fois la croix qu'il porte autour du cou. Ce geste eût plu à Jeanne Pey, née Moulat, sa grand-mère. Charles attend que la montagne se vide avant de rejoindre Pau. Aux aurores, il achètera *L'Équipe*. En 1947, *L'Équipe* arrivait à Ossun avec un jour de retard.

Texte paru dans *Fenêtre sur Tour*,
Éditions Bartillat, 2004

Contre le Vélib

Le Vélib est laid. Son nom, d'abord. Un mot-valise – vélo, liberté –, assurent, fiers de leur « trouvaille », les communicants qui l'ont baptisé de la sorte. Or il ne s'agit nullement d'un mot-valise, d'un jeu verbal qui eût amusé Raymond Queneau, mais d'un pléonasme. Vélo en effet est synonyme de liberté. Libre la jeune fille qui, au siècle dernier, venait à votre rencontre sur son vélo, vêtue d'une robe à fleurs qu'Éole, complice de Cupidon, soulevait. Vélo, oui, a toujours été synonyme de liberté. Et vélo, en verlan, fait love.

Le Vélib est laid. Son cadre est laid. Ce n'est d'ailleurs pas un cadre de vélo mais de Solex. Le Vélib est un Solex sans moteur, une caricature offensante de ce bon vieux Vélosolex noir que chevauchaient, dans les villages aujourd'hui démolis, le curé se rendant à l'église, l'instituteur rejoignant sa classe.

Contrairement au vélo, le Vélib est doté d'un panier, ce qui lui confère la vulgarité des engins utiles. Le vélo, lui, ne sert à rien, si ce n'est à retrouver une jeune fille dont les cheveux sont retenus par un passe, ou à gagner le Tour de France dans les lacets du Tourmalet, c'est-à-dire, dans les deux cas, à basculer dans le monde des rêves, loin des routines et des agendas, de l'ordre social où sévissent les donneurs de leçons, les procureurs connectés et les radiologues.

Doté, le Vélib l'est aussi d'un siège triangulaire, plus proche du pouf que de la selle Brooks. Il aurait fait ricaner ces paysannes habituées à poser leur cul sur du cuir, avant de filer vers les collines, le guidon dans une main, le râteau des fenaisons dans l'autre, le chien à fond les ballons dans la roue. Alors que la selle Brooks des vélos de campagne renforçait les fessiers, le pouf du Vélib concourt à la prolifération dans Paris des culs mous. Il faut donc interdire cette machine grotesque. Pour des raisons d'esthétique d'abord, de santé publique ensuite.

À Paris, tous les hommes sont ridicules sur un Vélib, surtout avenue de la Grande-Armée où s'ouvraient autrefois les échoppes des cycles mythiques, Centaur, Papillon, Phébus, Griffon, également Flavell, la marque préférée de Jules Renard. Oui, à Paris, tous les hommes sont ridicules à Vélib. Tous, sauf le chanteur Philippe Katherine qui, la nuit, du côté du Louvre, pédale, « sous ecstasy »…

À Paris, le Vélib doit être viré, et remplacé, illico-swingo, par le seul vélo de ville, digne de nom : le fixie. Le fixie est un concours de grâce. Léger, scintillant, animal à souhait, le fixie fait avec ses rayons concurrence au soleil. Qui plus est, avec son pignon fixe, il appartient déjà à la légende des cycles. Nerveux, il coupe tel un couteau les fumées les plus noires des 4 × 4 les plus arrogants. Et fermes sont les fesses des filles qui font du fixie.

Table

Imprimé en France par CPI
en mai 2015

Composition et mise en pages
Nord Compo à Villeneuve-d'Ascq

Dépôt légal : juin 2015
N° d'édition : 54496/01
N° d'impression : 128373